Lessons from

MADAME CHIC

向巴黎夫人學品味

Madame Chic的20堂
優雅生活課

珍妮佛・斯科特
Jennifer Scott——著

喬喻——譯

目錄 *Contents*

PART 3 美好生活

我懶洋洋地坐在客廳的扶手椅軟墊上，菸草的味道逗留在空氣中。溫暖的巴黎夜風從敞開的大窗戶吹進屋子裡，精緻的繡帷褶襉恰到好處地垂落在地板上，古董唱機正放著古典樂。餐點幾乎都撤下了，桌上只剩飯後的咖啡和幾條當日出爐的棍子麵包；這些麵包稍早被佐上起司之王——卡門貝爾（Camembert）乳酪，以風捲殘雲之姿消失在餐桌上。

「時尚先生」安詳地坐在那裡抽著菸斗沉思，不時緩緩配合音樂節拍點著頭，彷彿在腦海中指揮著交響樂隊；他的兒子拿著一杯波特酒走到敞開的窗前，「時尚夫人」也走了進來，一手解下圍裙，底下的絲質上衣和A字裙乾淨如新，臉上掛著滿足的微笑，我見狀起身幫她收拾餐桌上的咖啡杯。又是巴黎完美的一天——巴黎的生活總是如此生動美麗。

二〇〇一年一月，我以外國交換學生的身分到法國留學，住在巴黎的一個寄宿家庭裡。我拖著兩個快塞爆的大型行李箱離開悠閒的洛杉磯，與幾個南加州大學的同學搭上飛機，踏上一段徹底改變生命的冒險旅程。

當然啦，當時的我並沒有預料到這一切，滿腦子只想著接下來六個月可以住在全世界最浪漫的城市——巴黎！老實說，我興奮之餘也有點擔心，畢竟我離開加州前只修了三個學期的法文，根本說不好法語，而且離鄉背井六個月說短不短，要是想家了怎麼辦？法國的寄宿家庭好嗎？我會喜歡他們嗎？他們會不會討厭我？

沒想到，抵達巴黎才沒幾天，當我坐在「時尚家庭」典雅的餐廳裡，在大落地窗和珍貴古董包圍之下享用五道菜的晚餐時，已經愛上了這個迷人的新家庭。這家人會在星期三的晚上打扮妥當，用最好的瓷器餐盤享用美味的自製餐點，而且還不只一道菜！他們懂得享受生活細節，精通美好生活的藝術，謹遵完美無瑕的用餐傳統，且夜夜如是。

一個習慣穿夾腳拖吃烤肉的加州女孩，怎麼會與這群巴黎貴族一起生活呢？

沒錯，「時尚家庭」（法文稱作**Famille Chic**，為了保護他們的隱私，我姑且如此稱呼他們）真的是貴族世家。他們精緻的生活禮儀承襲自顯赫的祖先，由每一代的「時尚家庭」實踐並延續下去。

那麼，這位神秘的「時尚夫人」又是何方神聖呢？她是母親，也是妻子，有一份兼差工作，閒時擔任志工，品味非常傳統——從來不穿牛仔褲。她留著深褐色的巴黎式短髮，個性極有主見，心地仁慈又善於照顧人，可是另一方面卻大膽直率（後面你就知道了）。她懂得生命中最重要的是什麼，將家庭放在首位，在她的操持之下，家人過著舒適的日子。她為全家人供應令人心情愉悅的美味餐點，一手包辦日常大大小小的瑣事，換句話說，她就是「時尚家庭」的掌舵者。

我初到法國之際，以為所有法國家庭都像「時尚家庭」這樣，過著傳統守禮的生活，直到後來很幸運地結識了「波希米亞家庭」（我校交換學生計畫的另一個寄宿家庭）及其一家之主「波希米亞夫人」——有著一頭捲髮及玫瑰色人生觀的單親媽媽，生性溫暖，富有魅力，她的晚宴總是狂野有趣，比「時尚家庭」更為隨興、狂放且波希米亞！雖然說這兩個家庭的生活方式很不一樣，可是兩者的生活都充滿情趣。我極其有幸得以近身觀察他們，從他們身上學習。

這本書的內容，主要是來自於我的部落格《生活行家》[1]（The Daily Connoisseur）的一系列文章〈我住在巴黎時學到的二十件事〉。由於這一系列文章獲得讀者熱烈回響，於是我決定把「時尚家庭」和「波希米亞家庭」的故事說得更詳細一點，單獨收錄成一本書。

書中的每個章節都是我在巴黎生活的心得，其中大部分是我從「時尚夫人」身上學來的（畢竟我就住在她家，可以貼身觀察她的生活方式，而且她待我一如家人），還有一些是我從「波希米亞夫人」以及這座「光之城市」本身體驗到的。

當初的我只是個年輕的大學生，滿腦子只想著住在巴黎可以學到多少東西，卻沒料到我將接受如此豐沛的生命洗禮，開始懂得真正的生活——不光是活著，而是要提領出生命的況味。哎呀，我可能話說得太快了，且聽我細說從頭……

珍妮佛・斯科特

〔註1：www.dailyconnoisseur.com。〕

PART

1

飲食與運動

DIET

AND

EXERCISE

Lesson 1

吃零食一點都不時尚

SNACKING IS SO NOT CHIC

住在別人家（尤其是國外）時，很多事都會讓人感到不安，而食物這檔事兒尤其令我焦慮。我在加州家裡習慣整天隨便亂吃，一下吃幾片薄脆餅乾，一會兒啃顆柳橙，等下又吃些餅乾和優格……我在「時尚家庭」是否還能像在家裡一樣，大剌剌地到廚房找東西吃呢？

我在「時尚家庭」用過第一頓晚餐的幾小時後，肚子就又餓了。晚餐很好吃，可是初來乍到有點緊張，而且我在大學只修了三個學期的法語，講起話來提心吊膽，所以吃得比平常少，飢腸轆轆之下，我決定穿著睡衣偷溜到廚房看看。

「時尚家庭」的廚房可不好找，得穿過暗長的走廊到公寓最後面，而且廚房並未與任何房間相連。我打算潛入走廊，偷瞄看看廚房有沒有水果可以吃。

事與願違，我一拉開房門，那扇古董級的美麗大門便嘰嘎大響，沒多久「時尚夫人」便穿著晨袍從走廊現身，問我有什麼事。我再三保證沒事，只是想要喝杯水，她不疑有他地說要幫我倒水過來，但是表情怪怪地看了我的睡衣一眼（我稍後會在另一章解釋）。終究，我的宵夜還是泡湯了。

上床睡覺時肚子有點餓，我感覺很不習慣，但不會不舒服，反而很有趣。我以前從來沒餓過肚子，因為在加州時一有點餓就吃東西，根本來不及感覺飢餓。那一夜我一邊體會飢餓感，一邊幻想著明天的早餐是什麼。

我花了好些時間才習慣不吃零食。後來我發現，不只是「時尚家庭」，大部分的法國人都不吃零食。我與「時尚家庭」同住的整整六個月內，從未看過任何一人在正餐之外吃東西。他們的用餐習慣優良，飲食均衡，而且體重標準。

我也從來沒看過「時尚先生」咬著蘋果拿著咖啡杯趕著出門上班的樣子。他們每天早上都在固定時間享用豐盛的早餐，中午通常各自在外面吃（應該是坐在咖啡廳裡用餐），晚上則總是回家在餐桌上吃三道菜以上的餐點。換作是你，如果每天都有這樣令人期待的美食，當然不會亂吃零食壞了自己的胃口！

杜絕零食的空間設計

美國現代家庭流行開放式廚房，把烹飪、用餐和起居空間全部結合在一起。這種室內設計在巴黎的老公寓並不常見，例如「時尚家庭」的廚房就有點遠。他們家的廚房不只獨立於其他房間之外（並不在餐廳旁邊），甚至還在一條拿來晾衣服的暗長走廊深處。或許有人會覺得開放式廚房比較平易近人，畢竟廚房是一個家的中心，可是誘惑也多；待在客廳時，餅乾罐就近在眼前，想要視而不見談何容易。

「時尚家庭」的廚房純粹是做料理的地方，若是與充斥花崗岩檯面、不鏽鋼廚具、義式濃縮咖啡壺等用品的現代化廚房相比，「時尚家庭」的廚房似乎有點狹小老舊，而且除了料理食物（極其美味的食物）之外，別無他途。一整天裡，他們只有早餐會在廚房吃，晚餐一律是端到餐廳享用。

「時尚家庭」的客廳非常體面正式，並不適合賴著吃零食。你找不到任何一個擺著抱枕的舒適角落，也沒有懶骨頭躺椅，更沒有平面大電視，取而代之的是四張古董扶手椅。角落裡雖然有台古老的小電視機，可是他們鮮少打開來看。「時尚家庭」的客廳適合聊天、待客或看書，因為客廳的氣氛和擺設實在太正式了，你會覺得在那裏吃零食不太妥當。

吃零食並不時尚。你看過別人心不在焉地吃零食的德性嗎？例如在電視前抱著一袋椒鹽脆餅或一桶冰淇淋，下意識地把食物往嘴裡送，一不小心，屑屑掉在衣服上，冰淇淋滴到剛燙好的裙子。吃零食與時尚八竿子打不著，巴黎人不屑為之。

優質零食

我承認回美國之後還是會吃零食，可是我會挑選優質的零食。去巴黎之前，我並不覺得糖果、洋芋片或薄脆餅乾這些垃圾食物有何不妥，但我現在對這些東西能避則避，只吃優質的零食，例如希臘優格配藍莓、一碗番茄湯或是一片水果，而且還戒掉了在半夜吃垃圾食物的惡習。自從有了小孩之後，我和先生的晚餐都吃得比較早，可是飯後再也不需要吃東西。我發現，只要一頓質優又營養均衡的晚餐及一小份甜點，就完全不會有想吃零食的念頭。

建議各位不要把沒營養的零食買回家，去便利商店時根本不要接近零食區。只要眼不見為淨，你就不會想吃，過一陣子之後，保證你不會再懷念那些灑滿起司令人上癮的薄脆餅乾，反而會納悶自己當初怎麼會吃這麼恐怖的食物。

千萬別邊走邊吃

法國人不會邊走邊吃。在《六千萬個法國人錯不了》這本書中，作者貝涅．納杜（Jean-Benoit Nadeau）和茱莉．巴羅（Julie Barlow）回憶起他們住在巴黎時，有一次邊吃著三明治邊走出公寓，門房嘲諷地對他們說：「Bon Appétit（用餐愉快）。」在法國，邊走邊吃的全是觀光客，我無法想像「時尚夫人」做這種事，天塌下來都不可能！

我以前也不排斥邊走邊吃，現在卻不了，Merci（謝謝）！老實說，前幾天我出門買東西時突然很餓，想說要不要去椒鹽脆餅的攤子點一大份邊逛邊吃，可是「時尚夫人」不贊同的眼神旋即浮現在我腦海裡，只好打消此意，改去美食區，像個淑女般坐下來吃午餐。

專心進食。把食物送進身體裡的動作，應該要符合文明的儀式，在地鐵吃東西並不恰當。非吃零食不可時，請務必文明地用餐，比方到咖啡館坐下來，好好地享用咖啡和可頌麵包。

體驗飢餓感

很多人怕肚子餓，沒事就吃零食。我在法國學到的一件事就是，感覺飢餓是件好事，但這跟挨餓是兩回事。我們餓著肚子從事各種活動，才能養成良好的胃口。

我在巴黎的活動量非常大，因為整天在城裡走來走去，一下子去上課，一下子和朋友見面，食慾因此變得非常驚人，所幸我那驚人的食量每天晚上都能在「時尚家庭」的餐桌上獲得滿足。因為肚子餓，我更能品嘗出「時尚夫人」的餐點美味之處，要是放任自己在晚餐前亂吃餅乾、糖果，哪還有胃口享用她的美食。有哪個笨蛋會因為在晚餐前吃太多麵包，而糟蹋了比目魚佐奶油醬、新鮮馬鈴薯和四季豆以及焦糖布丁呢？絕對不是我！

真餓還是嘴饞

很多時候我們只是誤以為自己肚子餓罷了——如果你三餐均衡還外加下午茶，那就有可能是口渴或急性脫水，而不是真的肚子餓。下次在正餐之外想吃零食時，先喝一大杯檸檬水，一二十分鐘之後，飢餓感可能就會不翼而飛。

如果你不渴不餓，但是想吃東西，或許是因為無聊而想吃點什麼，這時候最好找點事做來轉移注意力，例如看看書、散散步、彈彈鋼琴等等。

最後，盡量避免邊看電視邊吃零食，如果是超級盃則另當別論。

重視三餐品質

千辛萬苦戒掉零食，但是三餐營養並不均衡，結果也是白費工夫。你是否覺得準備餐點太困難，不知道下一餐該吃什麼（外帶、外送，還是翻找廚房的櫃子），或是害怕沒東西吃？如果你有這些問題，代表你平常可能吃太多零食。

「時尚家庭」非常重視定時享用三餐。我們從來沒有因為沒有準備晚餐而考慮叫披薩，或是晚上九點因為沒晚餐吃而悲慘地在水槽前狼吞一碗麥片（相信大家都有這種經驗，我承認我也有）。

「時尚夫人」有一整套拿手菜食譜，不時輪流換新花樣。她的食物櫃總是備齊各種食材，隨時能變出一桌美食。在沒有特別菜色的夜晚，即便是生菜沙拉配熟食店的精選臘肉，我們還是會盛重地在餐桌上用餐，把義式蒜味香腸或臘腸拼盤當作某種珍饈般傳來遞去。

他們每天都享用真正的食物（絕對沒有人造奶油、代糖或減肥餐那種東西），三餐都是傳統的法國菜，豐盛到令人有罪惡感的地步。

Review 1

重點複習

1）正餐要吃得好，必須戒除零食。

2）重視用餐品質。

3）把家裡布置成不適合吃零食的環境；美觀第一，舒適第二（想躺下來的話，就去床上躺著吧）。

4）如果非吃零食不可，只選擇優質的食物，不要將就於垃圾食物。

5）走路、開車或站著的時候別吃東西，盡量不要邊走邊吃。

6）讓肚子餓一點，更能培養健康的胃口。

7）適時補充水分，避免脫水。

8）節食前先諮詢醫生，請醫生幫你規劃最合適的飲食內容。

9）把準備營養均衡的三餐當作人生大事來看待；食物櫃請隨時備妥食材。

10）記住，邊發呆邊吃零食一點都不時尚！

Lesson 2

不要放棄美食的樂趣

DEPRIVE YOURSELF NOT

到巴黎與「時尚家庭」同住後，我才初次體驗到餐餐皆美食的樂趣。從美食層面來說，「時尚家庭」真是令人羨慕的存在。

早餐吃的是抹上（真正的）奶油和自製果醬的法式三明治（tartines）；午餐如果沒有出去吃，則通常會吃前晚的剩菜。偶而「時尚夫人」會邀請女性朋友來家裡吃午飯，那時候她就會準備一些輕食，例如魚肉及蒸蔬菜佐特調醬汁，或是法式鹹派（quiche）配沙拉。每天晚餐至少有三道菜，比如平日晚餐會有韭蔥湯，主菜是烤雞佐燉萵苣和新鮮馬鈴薯，接著是沙拉、草莓餡餅及餐後的起司盤。晚餐餐點大多是正統的法國菜，因為「時尚夫人」不做異國料理，而且餐餐都有蛋白質（雞肉、蛋、魚或牛肉）、蔬菜、濃厚的醬汁，以及每晚必備當作飯後甜點的起司！

身為美國人（尤其是南加州人），一開始面對如此高熱量的餐點時，我有點遲疑，擔心自己在法國會變胖。我本來希望衣錦還鄉，讓家人朋友覺得我變得又時髦又神秘（或許再換上奧黛麗赫本在《龍鳳配》（Sabrina）電影裡的髮型），而不是腰間多出一圈肥肉。可是我發現，「時尚家庭」的每一個人（先生、夫人和兒子）的身材都非常標準，沒有人過重。「法國矛盾」[2]（French Paradox）在他們身上得到了證明，於是我鐵了心，既然他們不胖，我應該也不會吧。

結果我還真的沒變胖。在法國的日子徹底改變了我對食物的心態，而且還學會怎樣吃得好。我不只在巴黎沒變胖，甚至連回到美國生了小孩之後，都還能維持理想的體重。

「不要放棄美食的樂趣」可以指很多東西，包括不要從生活中剝奪高熱量食物、甜食以及舒適的用餐氣氛這些美好事物；慎選用餐環境，可以同時滋養你的身體和靈魂。

為了不放棄美食帶來的愉悅，要如何吃得好又健康呢？以下是我觀察來的一些心得。

心態與熱情

要享受美食又吃得健康，心態非常重要，「時尚夫人」就對食物抱有非常正面且健全的心態。一大早她就會喜孜孜地問我想吃哪種自製果醬：「Fraise? Ou marmelade d'orange?」（草莓？還是橘子醬？）

晚上我們會圍在餐桌前，討論我們吃的食物有什麼特色或優點。「你知道這瓶葡萄酒是本地產的嗎？」「這個醬汁的秘訣在於奶油要放多一點！」或是「這個水果餡餅上的杏子好多汁，好好吃，下次再做來吃吧！」最後，我們會用樸實的盤子呈上起司，當作每天晚餐完美的句

（註2：根據一般研究，多吃飽合脂肪類的食品會導致心血管疾病，然而法國人攝取的奶油及動物性脂肪比美國人多三倍，罹患心血管疾病的比例卻比美國人低三分之一。）

點。「時尚先生」總是會在這時轉過頭來為我送上一片卡門貝爾，稱讚它是起司之王！

在美國，很多人一看到這樣一頓大餐便會哀嚎：「裡面奶油一定超多的！我明天得去健身房了！」或者「這玩意兒裡面有多少卡路里啊？」我在法國與別人（不只是「時尚家庭」）一起用餐時，從來沒聽過有人在計算卡路里或抱怨大腿變粗，他們只會熱情且坦白地討論眼前的料理。

雖然以正面的心態看待食物並不代表你不會變胖，但這卻是正常飲食的基礎，以及好好用餐的第一步。如果過分在意哪些食物吃了會胖，自我壓抑久了反而容易暴飲暴食，或是因為想著反正隔天要去健身房消耗熱量，反而放縱自己吃更多。只要維持健康的心態，選擇適量的美味餐點，其實沒什麼好擔心的。

「時尚先生」每晚說起起司之王卡門貝爾，總有股教人既感動又好笑的熱忱。回想一下，你有多久沒聽到別人如此熱情地談論食物本身而不扯到自己？「時尚先生」說完「這個卡門貝爾是起司之王」這句話之後，並不會接著說「可惜這會害我的腰間長贅肉」。沒錯，我們實在沒必要以負面心態看待自己對食物的熱情，讓自己言語乏味或食之無味。

最後我再強調一點：用餐時高談闊論自己對食物的恐懼，一點都不時尚！

專心

一心二用只會兩頭空。

——普珀里琉斯・西魯斯（Publilius Syrus，拉丁格言家）

我很喜歡這句教人不要貪心一次做很多件事的格言，這個道理絕對也適用於吃飯。去巴黎之前，我常常站著吃東西，一邊還用肩膀夾住手機講電話，更糟的是會邊看電視邊吃東西，吃完之後根本沒意識到自己吃了什麼。

「時尚家庭」很講究用餐禮儀，他們總是端坐在餐桌前，膝蓋上鋪著餐巾，手持刀叉彬彬有禮地交談著，就連吃早餐也不例外！

品嘗珍饈

所謂的珍饈，從青蛙腿（說實在我還蠻喜歡的）這種古怪食物，到令人興奮的黑松露（這個我也愛）都包括在內，總之就是稀有的美食。

每當我驚覺自己吃東西不專心時，就會拿出「品嘗珍饈」這個絕招。

想像眼前有一道珍饈時，你會如何享用它。你應該不會一邊滑手機，一邊囫圇吞棗地塞進嘴巴裡吧？當然不會！你可能會讚歎一會兒，與同桌用餐的同伴分享一個興奮的微笑，然後莊重地把餐巾放在腿上，輕輕拿起刀叉，慢慢把食物放進嘴裡仔細品嘗它的味道，最後再分享你的感想。這個過程有趣極了。

如果你秉持這種精神，在任何情況下都將用餐視為神聖的事，就會吃得比較講究，並且吃出食物的滋味。你會用更健康的態度看待食物，甚至吃得更精，因為你已經調整好你的胃，能夠適可而止。

有所節制

前陣子與先生一起到巴貝多歡度新年時，住在一家小巧的豪華濱水飯店。客人不多，只有寥寥幾對夫妻和幾個家庭，其中最引我注意的是一對法國夫妻。即使沒聽到他們講法語，我還是知道他們是法國人。那位太太的穿著打扮總是恰到好處——時髦但不誇張，有一種隨興的風度。大部分時間她都在與身邊的男伴討論電影、政治和藝術（沒錯，我偷聽），不過最令我印象深刻的，是她對待食物的態度。

飯店每天早上都提供了豐盛的免費自助早餐，從煎餅、培根、炒蛋、焗豆、薯餅到貝果和奶油乳酪，應有盡有。對自助餐實在無法招架的我，會忍不住每一樣都試一試，看哪一樣好吃，可是那位法國女士完全不是如此。她每天早上一律拿一大盤水果和原味優格，加上一杯咖啡，對其他食物完全無動於衷！原以為她是吃水果開胃，接下來一定會拿煎餅或起碼舀一些炒蛋，可是我的猜測每次都落空。她絲毫不受那些誘人的食物吸引，只是津津有味地吃著優格，興致高昂地與她的男伴聊天。

我相信這是因為她以健康的心態看待食物，所以才能日復一日無視於自助早餐的誘人選擇。

儘管有她做榜樣，我每天還是義無反顧地吃下一大堆早餐。我忍不住會想：「哇，看看這些好料，回家後可吃不到，快趁現在全部試試！」每次度假，我肚子裡的饞蟲就像脫韁野馬般不受控制，可是那位法國女士完全沒這個毛病。我猜想她在飯店吃的早餐就和她在法國家裡吃的一模一樣，而她也不覺得有必要改變用餐習慣。她看起來很享受她的早餐，並不像是忍著不去碰別的食物。她對食物如此有節制，讓我深深反省起自己來。

色相

食物的色相是讓你享受所食卻不會過分沉溺其中的關鍵。面對賞心悅目的食物，你比較不會狼吞虎嚥，而是會停下來欣賞。過去我一向不怎麼在意食物的呈現，直到住在巴黎的某天晚上，我的觀念才大有轉變。

那一天傍晚我和「時尚夫人」一起在廚房裡準備晚餐，溫暖的巴黎夜風從敞開的窗戶裡徐徐送入。我們當時做的是草莓餡餅。我負責切掉草莓的蒂頭，夫人則忙著從頭開始製作甜麵糰。麵糰完成後，我幫忙把它鋪到一個看來用了很多年的烤盤上，隨後夫人讓我把草莓放到派餅上，我便一股腦兒把草莓全倒上去，稍微調整一下便抬起頭來等下一步指示。

但夫人遲遲沒有說話，只給了我一個驚恐的眼神。

「珍妮佛。」她總算開了口（當然是用法文）。「不行！草莓要圍著烤盤整齊地擺上去才有美感，Avec précision（力求精確）！」

「喔。」我低頭看著草莓亂放的餡餅，覺得這樣也蠻好看的啊，在善心人眼中應該也算頗有藝術感。

夫人說完便示範如何把草莓沿著派皮一圈圈往內擺，我中途接手，最後我們在正中央擺上最漂亮的一顆草莓，再澆上糖汁，夫人這時才一臉滿意地宣布草莓餡餅「完成」了。

與夫人一起製作草莓餡餅是個珍貴的經驗，我領悟到生活中沒有任何瑣事不值得用心以對。那個完美的小小草莓餡餅並不是為了派對或讓客人驚艷而做的，它只是做給家人（她的先生、兒子和我）的家常小點心。

每天用盡心思為全家人準備餐點，不只能培養健康的用餐心態和味蕾，更能讓家人感覺到自己是特別的，值得享用你精心準備的料理。

早餐

法國人認為早餐（le petit déjeuner）是揭開一天序幕的重要儀式。在加州長大的我雖然知道早餐很重要，卻從未將它視為一項重要儀式，通常只是喝碗麥片或吃片吐司便草草了事，但在巴黎，早餐並不是這麼一回事。

「時尚先生」每天都很早出門上班（我還沒醒他就走了）：早上五點四十五分起床吃早餐，六點半出門。為了讓先生準時享用早餐，「時尚夫人」會提早起床準備。聰明的讀者應該已經猜到，「時尚家庭」的早餐絕對不是吐司和咖啡那麼簡單。

我在寄宿的第一天早上便發現了這件事。由於前一晚史無前例地餓著肚子入睡，因此，我對早餐異常期待，穿著睡衣（究竟該先吃早餐還是先淋浴換衣服呢？）便小心翼翼地走向廚房，裡頭傳來收音機柔和的樂聲以及餐盤輕微的碰撞聲。夫人原本穿著晨袍為先生做早餐，現在卻已換好衣服且一臉精神奕奕（這時我才發現應該先換衣服再吃早餐）。她看到我出現，說我一定很愛賴床。我記得當時看著時鐘顯示早上七點半，心想：「她根本不知道什麼是真正的賴床！」

夫人催促我在狹小的廚房餐桌前入座，餐桌上已有滿滿的好料。她問我想喝茶或咖啡（早上應該喝茶），然後便把滾燙的熱茶倒進早餐碗裡。是的，你沒看錯，是一只碗！

當時我以為自己產生幻覺或有嚴重時差，也可能是他們家的茶杯剛好用完了，可是這個情況隔天早上又重演了，「時尚家庭」依然用早餐碗喝茶。後來我發現不只是「時尚家庭」會這樣，大部分的法國人早上都習慣用碗喝飲料。

典型的法國早餐除了用碗裝茶，還包括這些東西：

——新鮮水果

——白起司（fromage blanc，口感類似優格的新鮮起司，可以撒上糖吃）

——前一晚剩下的餡餅（通常是夫人自製的蘋果、杏子或草莓餡餅）

——烤過的棍子麵包夾果醬，也就是前面提到的法式三明治（果醬都是自製的，時尚夫人特別喜歡草莓、藍莓和橘子醬）

每天早上夫人都會把這些餐點擺得漂漂亮亮的，即使在比較不正式的廚房用餐，我們還是會坐下來鋪好餐巾，以良好的用餐禮儀吃下營養的早餐，為新的一天做好準備。在收音機令人安心的音樂聲環繞下，剛烤好的麵包、甜甜的果醬和熱茶的香味充斥在四周，每天早上我都很期待這個愉快的儀式，讓我有信心迎接新的一天的挑戰。

Review

2

重點複習

1） 培養正面的飲食心態和習慣。

2） 學會熱愛及評論美食的樂趣。

3） 專心用餐。

4） 發揮「品嘗珍饈」的精神。不論在任何情況下都細嚼慢嚥，感受食物的滋味。

5） 重視食物的色相與擺盤；不管是鮪魚三明治或是用格魯耶爾（Gruyère）乾酪做成的蛋奶酥，擺得好看就會更好吃。

6） 度假或吃自助餐時，記得有所節制（免得事後後悔）。

7） 盡可能只吃優質的食物。

8） 最重要的是吃得開心！飲食是人生的一大部分，何不好好享受，盡情體驗美食帶來的樂趣吧！

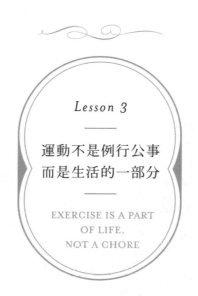

Lesson 3

運動不是例行公事
而是生活的一部分

EXERCISE IS A PART OF LIFE, NOT A CHORE

初次拜訪「波希米亞夫人」讓我頗為震撼，她是我男友（同樣來自加州，跟我參加同一個交換學生計畫）寄宿家庭的媽媽。我男友一直稱讚夫人有多棒、她的兩個兒子有多麼好相處，而且他們都想認識我，想約我過去吃晚餐。

於是我搭上地鐵，從巴黎十六區一路坐到十一區（大約一個小時），再走過幾個高低起伏的鵝卵石街道，好不容易到達他們家公寓樓下時，已經氣喘不已了，不過我的一番跋涉還未結束，「波希米亞家庭」的家有好幾層樓高，而且沒有電梯。

還能怎麼辦呢？我稍微休息一下便認命地開始爬起樓梯。當我到了他們家門口時，整個人氣喘吁吁又渾身大汗（因為很冷，所以穿了厚重的冬季大衣），非常狼狽不堪。誰想得到「波希米亞家庭」會住在那麼高卻沒有電梯的地方呀！

他們買菜怎麼提得上去？他們當初是怎麼搬進去的？以後還搬得出來嗎？他們一家人天天這樣爬樓梯上上下下回家？

果不其然，他們天天都這樣爬樓梯，而且習以為常。事實上，他們還覺得我因為沒有電梯而大驚小怪很好笑。

住在巴黎後，我才驚覺我的懶惰有多麼顯而易見。還沒來巴黎之前，兩層樓以上我一律搭電梯（美國幾乎每棟大樓都有電梯）。

住在巴黎，每一天的活動量都很大。「波希米亞家庭」日復一日輕鬆自如地爬好幾層樓梯回家，所以一家人都很苗條。除了爬樓梯之外，夫人整天在城裡走來走去，不論去辦事、上班或拜訪朋友，她都習慣走路。我相信他們家有一台車，只是不怎麼開。

「時尚家庭」也只有一台車。他們在布列塔尼半島上有一棟度假屋，只有要去那兒時他們才會開車，要不然就是兒子晚上出門才會開。

日常採買當作運動

購物時，「時尚夫人」會拉著一台推車去買菜，而且只買當天的量。她不喜歡去大型超市一次買齊，而是偏好去當地的糕餅店、熟食店或麵包店等專賣店採買，因為這些店的食物品質比超市來得優良，再說，多逛幾家店也能多做點運動。

有一天早上我不必去學校，於是就陪著夫人一起出門買菜。那是個寒風撲面的早晨（對來自南加州的人而言，我說很冷絕對不誇張），我和夫人包得像粽子一樣，在十六區有很多食品專賣店的地方，沿著一條寬廣的道路往下走。她拉著一台蓋著紅色帆布的小推車，熟門熟路地穿梭於店家之間，我則亦步亦趨跟在她身後。在這些店結帳時毫無規矩可言，換句話說，沒有人在排隊。當地的法國人不會排隊點東西和付錢，他們會隨意地走向店員，愉快地說聲：「Bonjour（你好）。」然後就開始說要買什麼（我永遠不懂法國人為什麼不排隊，不排隊讓我很緊張啊！他們不覺得有秩序比較好嗎？好亂啊！不過這又是題外話了）。

我只記得那天我又冷又累，到底買了什麼卻記不清楚了，彷彿有棍子麵包、小牛肉塊、新鮮的水果……算了，這不是重點，重點是，我不敢相信夫人幾乎天天都這樣買菜。我在加州的時候，一個禮拜才開車去超市大量採購一次，而且連從後車箱把東西搬進屋裡都嫌累。在加州，只要天氣有一點兒不好，大家都躲在家裡的壁爐旁邊取暖，懶得出門。

我把這些事告訴夫人，她笑著說：「珍妮佛，呼吸新鮮空氣很好啊，做人不可以懶惰！」

做人不可以懶惰

說得好，做人不可以懶惰！但是我以前並不認為自己懶惰，直到住在巴黎之後，才越覺得以前的日常活動量少得可憐。在巴黎，我天天搭地鐵去學校（幾乎要一個小時，因為十六區在巴黎市的邊緣），然後再走路到教室。下課後，我通常會和朋友一起去市區內逛逛，參觀博物館，找間有趣的咖啡廳坐坐，或是沿著塞納河散步，總之到巴黎的觀光客會做的那些事我們全都做了（雖然了無新意，但還是很棒）。有時候我們會走得很遠，甚至走到城市的另一頭。

我在加州時，出門很少走路。洛杉磯並不是個適合走路的城市，因為很多地方都隔得很遠，卻沒有像巴黎地鐵那樣的大型大眾運輸系統。我不是在找藉口，我承認有些地方即使走路到得了，我還是選擇開車，因為我認為要運動去健身房就好了，何必放著車子不開，浪費寶貴的時間走來走去，反正隔天去上個跆拳道課，運動量就補回來了。

說到跆拳道課，「時尚家庭」和「波希米亞家庭」都不上健身房運動，他們自有一套健身的方法，那就是打掃房子、走路不開車、爬樓梯和步行去辦各種雜事。並不是說健身房不好。如果你熱愛上健身房（我知道這種人不多），請繼續維持這個好習慣！但是如果你常常因為沒去健身而內疚，或許你並不適合這種運動方式。

正面看待自己的身材

我從來沒聽過「時尚夫人」或「波希米亞夫人」批評自己的身材，或是像許多美國人那樣開口閉口就嫌自己胖。法國人不僅對吃東西這件事抱持健康的心態，他們對於身材的想法也很正面。

「時尚家庭」、「波希米亞家庭」和他們的朋友只是每天單純地多走多動，光這樣就能天天吃大餐而不必擔心體重問題。

我看到的法國女人，並不像我洛杉磯的朋友那樣對體重錙銖必較。「時尚夫人」不算瘦，她生了五個小孩，體型圓潤美麗，但不過胖，她也喜歡自己的豐腴，「波希米亞夫人」相當苗條（她有兩個小孩），因為她天生就吃不胖。總之，這兩位法國女人都很滿意自己的體態。「時尚夫人」天生就不瘦小，要把那麼凹凸有致的曲線餓成皮包骨實在荒謬；相反地，「波希米亞夫人」絕不會勉強自己變得前凸後翹，她對自己男孩般瘦弱的體型很坦然。她們滿足於自己天生的樣子，與自己的身體和平共處。

日常運動

當然啦，我們不可能全都搬去巴黎當法國人，所以我想到一些可以把運動融入日常生活的好方法，不論你住在哪裡都能試試看。

擬定日常運動目標

你可以根據特殊需求和生活方式，設想一個合適的運動目標。從巴黎回來幾年後，我搬去加州聖塔莫尼卡和朋友安潔莉一起住。她家在三樓，雖然有電梯，可是我決定效法「波希米亞夫人」天天爬樓梯上上下下，即使手上拎著一大袋東西依然如此；這是我為自己擬定的運動目標。想想看，我一天大概至少會來回四趟，如果再乘上一年三百六十五天……你知道我的意思了吧。爬樓梯對我的腿、臀和心智都是很好的鍛鍊，一邊提東西還能鍛鍊手臂呢！

嘉露．寶潔（Carole Bouquet）在法國電影《如果他是》（Si c'était lui）中飾演事業、愛情兩得意的現代法國女性，與年輕的兒子住在巴黎的時髦公寓裡，還有個專情的男朋友。她每天都步伐輕快地爬樓梯回家，最後幾階總是倒著往上走，我猜大概是為了要維持她的翹臀吧！

我目前與先生、孩子和小狗住在一棟好幾層樓高的聯排住宅裡，由於新家不必爬三層樓，於是我配合新的居住環境設計了新的運動習慣。每當我覺得自己缺乏運動時，就會在家裡的四段樓梯上下走十趟。我很喜歡這個運動，而且家裡的吉娃娃蓋茨比也喜歡跟著我走，這一人一狗上上下下的畫面，旁人看到了都覺得好笑。我為自己設立了一個目標，然後持之以恆地完成，最棒的是，這個運動一毛錢都不必花，同時又兼具娛樂效果！

走訪鄰里

帶著冒險精神，敞開心胸探索你家附近的街坊是很重要的。當然啦，住在巴黎之類大城市的人一定很樂意這麼做，可是其他人怎麼辦？我從巴黎回到加州，就有種從天堂落回凡間的感覺。巴黎如此之美，值得探訪的地方如此之多，洛杉磯怎麼比得上，我連試都沒試就放棄了。

直到後來有了小孩，開始學「時尚夫人」走路出門辦事，這才發現聖塔莫尼卡也有很多很棒的地方。若非我決定走路，否則永遠不會挖掘出這些迷人的小店。我發現住家附近除了有大型超市，還有很多小巧的異國食材店，販賣各式各樣優質的農產品和肉類，還有美味的麵包！如果我不走路出門逛逛，勢必永遠錯過這些美食。現在，我每隔一兩天就會去這些店裡採買，不但料理變得更新鮮美味，運動量也大有所增，而且還因此和許多街坊鄰居結成朋友，對我的社區更有歸屬感。

閒暇時間少坐多動

我在巴黎閒暇之餘很少坐著不動。「時尚家庭」沒有沙發，而且也不吃零食，無聊時不可能躺著吃洋芋片看電視。沒事情做的時候，我會沿著塞納河散步、上博物館或去咖啡廳，總之就是在外面四處探險兼運動（因為這樣才沒變胖，可是當時我並不知道是這個原因）。無聊時少坐多動也是個運動目標，沒多久你就會養成習慣，不時就想出門散個步，去附近的咖啡廳讀本書，或與朋友閒聊。

居家運動

「時尚夫人」和「波希米亞夫人」雖然有錢請人來打掃，卻選擇自己做所有的家事，但我並不怎麼鼓勵大家這麼做，我是說，有錢請人打掃就請吧！不過說真的，做大量的家事確實能幫助你保持苗條，而且這也是把運動融入日常生活的好方法。如果我們非做家事不可，何不趁機好好活動一下呢？

我通常不建議大家一心二用，但是邊打掃邊運動卻是個例外。一般的打掃方式就能消耗卡路里了，但如果想讓身材更苗條，還可以加入一些創意的小動作，像是一邊踏弓箭步一邊用吸塵器吸地，或是半蹲著擰椅腳上的灰塵。只要發揮巧思，就能把健身動作融入打掃工作之中。

此外，你還可以試著每天花極短的時間打掃房子，讓家裡永遠整潔舒適。先設定一個時間限制（例如十分鐘），放些輕快的音樂，然後卯足全力打掃，達到心肺運動的效果。擦擦抹抹、推拖伸展，反正有什麼做什麼，燃燒卡路里之餘還能美化家居。

如果有地板打蠟之類的大工程要做，記得好好把握運動的機會。《艾蜜莉的異想世界》（Le fabuleux destin d'Amélie Poulain）是我最喜歡的電影之一，女主角艾蜜莉的媽媽會一派輕鬆地腳踩拖鞋滑步磨光地板，一邊愉快地做家事，一邊鍛鍊她的腿和臀部。

打掃和運動通常不是令人愉快的事，如果要將兩者合而為一，請盡可能愉快地進行，這樣你才會願意繼續下去。戴上自己喜歡的手套或圍裙——手套和圍裙並不是女人的專利，男人也可以穿！白羅探長、詹姆士龐德以及我爸，他們都是有型有款的男子漢，工作時也會穿圍裙——聽些輕快的音樂，或是完成後給自己一點小獎勵，盡可能讓自己享受這個過程吧。

除了家事還能做什麼？

——跳舞！我喜歡早上放音樂和小孩一起跳舞。他們很快樂，我也運動到了，皆大歡喜。

——車子停遠一點，多走一點路。

——遛狗。每天選一個新的路線，比較不無聊。

——不搭電梯，改走樓梯。

——邊看電視邊抬腿。

——嘗試瑜珈、太極或氣功等特別的運動方式。

總之，不要坐著不動就對了。如果你有創意又不怕羞，不妨把體操動作融入你的各種日常工作之中，這樣就不必三不五時上健身房了。

Review 3
重點複習

1） 把運動融入買菜和做家事等日常工作之中。

2） 學會欣賞自己的身材優點。

3） 擬定日常運動目標。

4） 走路或騎腳踏車探訪鄰里。

5） 閒暇時少坐多動。

6） 最重要的是別懶惰！懶惰一點都不時尚。

PART

2

時尚與美容

STYLE

AND

BEAUTY

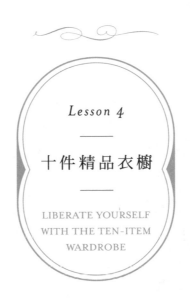

Lesson 4

十件精品衣櫥

LIBERATE YOURSELF WITH THE TEN-ITEM WARDROBE

猶記得初到「時尚家庭」時，夫人和先生請我坐下來，一邊喝茶一邊互相自我介紹。他們問了我的課業以及在美國的生活情形，一陣寒暄後叫我把這裡當作自己家，意思像是西班牙的俗語「**mi casa es su casa**」（我家就是你家），只不過他們是用法文說的。喝完茶後，夫人體貼地問我晚餐前要不要先休息一下，然後就領我去房間。我當時興奮不已，因為他們的公寓漂亮極了，我相信我的房間一定也很美。

果然沒讓我失望，我的房間一如預期般可愛，有一張單人床和綠色的天鵝絨床罩，大落地窗掛著植物圖案的窗簾，往外看是一片如畫的庭院，還有一張適合讀書的書桌，最後是一個小小的獨立式衣櫥。

等等！

小小的獨立式衣櫥？

一切都那麼理想，只除了這個衣櫥。我瞥向那兩只塞得滿滿的大型行李箱，頓時有點小小的憂心。沒有大衣櫃或更衣室嗎？我打開衣櫥的門，裡面只有寥寥幾個衣架子，這下我真的慌了，接下來的六個月，我的衣服要放在哪裡啊？

我無法相信這個事實，可是這個小衣櫥顯然是我唯一能放衣服的地方。

住進「時尚家庭」裡沒多久，我便發現這個尺寸的衣櫥對他們而言剛剛好——每個人的衣櫥都只掛了十件左右的衣服。先生、夫人和兒子穿的衣服都很講究，只不過，他們習慣就那麼幾件輪流換穿。

以夫人為例，她的衣櫥到了冬天會放三四條羊毛裙、四件喀什米爾毛衣，以及三件絲質襯衫（夫人鮮少穿長褲）。她的穿著雖然有點制式，但是很經典。

先生的衣櫥則有兩套灰色西裝、一套海軍藍西裝、兩三件毛衣、大約四件有領襯衫和兩條左右的領帶；兒子的衣櫥也差不多，只不過他不太穿西裝，大多穿有領襯衫搭毛衣，而且是家裡唯一偶而會穿牛仔褲的人。

在巴黎，許多家庭的衣櫥都像「時尚家庭」一樣小巧。我曾經沮喪地和其他美國同學討論這件事，結果大家的寄宿房間都一樣，只有小衣櫥。我不由得納悶法國人是因為衣櫥太小所以只能買十件衣服，還是因為只需要十件衣服所以用不著大衣櫥？無論如何，結果都是一樣的，我得想想接下來六個月要怎麼收納從美國帶來的過多衣物。

我在巴黎體會了小衣櫥的好處。我每天看到的法國人——學校教授、商店老闆、「波希米亞家庭」還有「時尚家庭」——穿來穿去老是那幾件衣服，可是他們看起來很有品味，也不會因為重複穿一樣的衣服而不好意思。

在美國，一套衣服同一個禮拜穿兩次就很去臉了，三次以上更不用說，可是這在法國卻很正常，甚至大家都這樣！

我發現法國電影裡也是如此。美國電影裡的女生會像《慾望城市》那樣卯起來換裝，但法國電影裡的女主角往往同一套衣服至少會出現兩次，這在美國電影是絕無僅有的事，除非那個角色特別貧窮或憂鬱，才會重複穿一樣的衣服。

我最近看了一部法國電影《我不反對》（Je ne dis pas non），雖然故事橫跨好幾個月，但女主角希薇．泰絲特（Sylvie Testud）在裡面從頭到尾都穿一個樣，或者該說，就那三件同樣的單品。

法國人的穿衣習慣和美國人竟然如此不同，這使得我開始思考起來。除了我自己在美國的衣櫃之外，我還見識過家人、朋友以及實境秀節目裡的購物狂衣櫃，我發現一個驚人的事實：美國人的衣櫃滿到爆！每個人的衣服都超多的，但是這樣好嗎？我們有比較快樂嗎？衣櫃裡的每件衣服我們都喜歡嗎？我們買的衣服品質好嗎？最重要的是，為什麼每天早上站在塞得滿滿的衣櫃前，我們仍然會抱怨沒有衣服可穿？

我回到美國之後，決定試著設計自己的十件精品衣櫥。沒想到當初迫於無奈而開始的衣櫥精簡計畫，從此大大改變了我的穿衣哲學。很多人一聽到衣櫥裡只能留十件衣服就被嚇到了，說實在的，我可以理解他們的心情，要把一大堆衣服篩選到只剩下最基本的十件，確實是個大工程，但請相信我，這個工程極具意義，即使你只試了一週也會有感覺。你可以趁機發現你的衣櫥缺了什麼，瞭解自己為何放著好衣服不穿（我現在還是會忍不住想把最好的衣服保留到重要場合再穿），並思考自己想呈現什麼樣的形象。

十件精品衣櫥的定義

別緊張，你不必照著字面意義解讀，以為衣服不能超過十件。別忘了，「時尚家庭」的飲食起居和品味——如節食、運動和穿衣哲學——都是難以超越的典範，我們只要量力而為就行了。十件精品衣櫥的重點是，把不合身、不常穿或質料差的衣物清出來，打造出清爽（給衣服一點呼吸的空間）又實穿（每件衣服都符合你的形象）的理想衣櫥。

你的衣櫥裡應該要有十件左右的基本單品，但其中不包括外套（大衣、夾克、西裝外套）、特殊場合服裝（派對小禮服、晚禮服、婚紗）、配件（圍巾、手套、帽子、披肩）、鞋子和內搭衣物（T恤、背心和內衣，可多層次搭配或穿在毛衣、西裝外套底下）。我發現內搭衣物很方便，多買幾件以後只要換洗內衣就好，不只能減輕洗衣負擔，還能延長衣物（例如喀什米爾毛衣）的壽命。

此外，十件精品衣櫥要根據每個季節重新規劃。也就是說，你的夏季十件精品不應該出現三件喀什米爾毛衣。你可以把冬天的毛衣收起來，依照生活需求換上三件夏季洋裝或其他實穿的衣物。

清出衣櫥裡的多餘衣物

請務必先把多餘衣物全部清出來，最後只在衣櫥裡掛上你挑好的十件精品，以及前面提過的其他衣物。剛開始這項工程時，我們難免會想，反正穿這十件就好，其他衣服可以塞在旁邊「以備不時之需」，再說也可以省下一些功夫，不必另外找地方存放。可是，建議各位還是把多餘衣物丟掉或另外收存，這樣才能達到最好的效果，避免自己作弊亂穿。

我當時大刀闊斧地清掉了衣櫥裡百分之七十的衣物，這對我而言可是個了不起的成就，不過說穿了還蠻簡單的，只要花些時間審視每件衣服就行了——把衣服全丟到床上逐一檢查，問自己幾個關鍵的問題，一下子就能決定好要留要丟。

衣服評估提問

——**我還喜歡它嗎？**常常衣服留著，只是因為當初花了很多錢買，而不是因為喜歡。

——**我有在穿它嗎？**我有很多沒穿的衣服，有的甚至超過兩年以上了！我知道以後不會再穿，可是總是因為某些原因而捨不得丟。

——**它還合身或是可以修飾我的身材嗎？**人的身材時胖時瘦，體型也會因為生育或年老而變化，所以務必要認清自己現在的身材，而不是你過去或理想中的身材，根據自己的體型挑選合適的衣服。

——**這樣的服裝仍符合我現在的身分嗎？**這個問題非常有助於判斷，我的答案通常是毫不猶豫的「不」。我那時看著自己二十歲出頭買的上衣和裙子（天啊！我甚至還挖出幾件洋娃娃裝），覺得很多事都變了。我已為人妻為人母，品味高雅得多，這些衣服已經不適合現在的我了。

我明白第一次就要清掉所有衣服，心理上很難準備好。沒關係，建議你先淘汰確定不要的衣服，接著選好十件精品，再把其餘衣物裝進真空袋或其他容器，然後收到其他房間或車庫，總之眼不見為淨就行了。過了一年之後，你可能會發現自己壓根兒沒想過這些衣服，往後大概也不再需要它們了。

設計你的十件精品衣櫥

把衣櫥清空之後，接下來要開始設計你的十件精品了。這十件精品的選擇取決於你是什麼樣的人、住在什麼地方，以及過著什麼樣的生活。大城市律師的十件精品衣櫥一定和郊區全職媽媽的大不相同。

先想想你平常會做些什麼（開董事會議、開家長會、在家工作、騎腳踏車），再考慮現在的季節（下雪、梅雨或大太陽），另外，更別忘記你的風格與個性（潮、經典極簡、波希米亞）。

我的十件精品是配合我的生活所設計的。我是兩個小孩的媽媽，不過還是很注重外表，所以衣櫥裡大部分是有點小時髦的休閒服。我住在南加州，氣候在冬天也很溫和，平常大多在家裡照顧小孩、做家事、帶小孩出去玩、寫作和散步。從我選擇的十件精品，就能看出我的生活方式。

底下是十件精品衣櫥的範例，其中每件單品都能自由搭配，為你的穿著創造出無限可能，堪稱是小衣櫥的必備絕招。

春夏的十件精品衣櫥範例

——藍綠色絲質上衣
——棕色素面襯衫
——海軍藍配白色條紋的水手T恤
——米色圓領毛衣
——水綠色開襟羊毛衫
——輕薄的黑色打褶長褲
——合身黑色高腰短褲
——藍綠色A字裙
——棕色卡其鉛筆裙

——白色和或深藍色牛仔褲

秋冬的十件精品衣櫥範例

——喀什米爾毛衣三件（米色、淡黃色和黑色）
——絲質上衣三件
——白色開襟襯衫
——合身深色羊毛長褲
——黑色羊毛裙
——黑色緊身牛仔褲或靴型褲

我的一個月實驗

我曾經做過一個實驗，整整一個月內只能穿挑好的十件精品。以下是我在這段期間的心得筆記。

早上打開衣櫥令人神清氣爽

看到衣服掛得整整齊齊而不是全部擠在一起，不只令人舒服，更棒的是不必煩惱要穿什麼。反正選擇不多，所以挑選的時間花不到一分鐘。不知道為什麼，看到那麼清爽的衣櫥就覺得心情好（可能是風水的緣故）。

一直沒什麼購物慾

我完全沒料到會這樣。原本以為實驗一週之後，我就會纏著別人陪我去逛百貨公司，但我並沒有這麼做。看著衣櫥裡的衣服變少，奇妙地我並不想花大錢買一堆衣服重新塞滿它。我知道購物慾終有回來的一天，只希望到時候我會精挑細選，嚴格把關。

逛街變得更輕鬆

以前出去逛街我絕對不能空手而回，現在我只對比較昂貴的精品感興趣，所以可以輕鬆地抱著研究的精神只看不買，因為我知道下次要買的好東西並不便宜，所以一定要先花一些時間研究值不值得投資。

更懂得判斷哪些衣服不能穿

前陣子我在一個滿滿是人的房間裡，注意到有個女人擁抱朋友時，因為彎腰露出了底下的內搭褲，臀部那裏竟然破了三個大洞，整個春光大洩！顯然她要是懂得衣服貴精不貴多的道理，就會發現這件內搭褲不能再穿，也就不會出這種糗了。以這個悲劇為鑒，我回家後好好檢查了衣櫥，結果發現其中一件珍藏的「多餘」T恤（一件名牌灰色T恤）變得有點糟糕，好像是洗太多次變形了，穿在身上形狀非常奇怪。如果是以前的我一定會視而不見，因為貴（就T恤來說還蠻貴的）而捨不得丟，但是掌握了十件精品原則之後，我很快就決定告別這件灰色小T恤。

十件精品務必要能互相搭配，創造出多變的造型

在你的十件精品衣櫥裡，每一件都要能與其他衣服搭配，這樣才不會因為無聊的重複穿搭而厭倦，重回「沒有衣服可穿」的噩夢裡。

十件精品選得好，就能習慣只穿最好的衣服

習慣成自然之後，你就會時時穿上自己最好的衣服，而不會「保留」

到重要場合再穿。

做家事或其他粗活時，穿上圍裙就不會弄髒身上的好衣服

「時尚夫人」常常忙著做家事和烹飪，她就是靠這個祕訣保持衣物乾淨。

不管是自己洗或送洗，就是不能拖延

忙得沒時間洗衣服可是個大問題。我有某個禮拜忙得不可開交，家事堆積如山，衣服當然也沒洗，結果衣櫥裡只剩一件衣服可穿，只好從之前打包起來的衣服裡抽幾件應急。如果你把衣服送去乾洗，切記要分批，免得衣服通通積在乾洗店裡。要是沒辦法定時洗衣或送洗，在十件精品之外多加幾件（例如二十或二十五件）或許是最好的辦法。

治裝預算不高的話，不必樣樣都是精品

十件精品不必每樣都是高檔名牌。你可以把預算花在外套、鞋子、墨鏡、皮包、小禮服、牛仔褲、手錶和珠寶上面，這些東西可以用很久，所以品質非常重要。只要這些單品或配件有質感，即使穿中價位的衣服，看起來也很高貴。

如果你對於十件精品衣櫥心懷疑慮，但是又想體驗看看這樣做的好處，不妨在下次旅遊時，試著根據出遊天數決定帶多少件衣服，比方說，一個星期帶兩三套衣服就好，兩個星期則試著打包十件。這樣就像在家裡嘗試十件精品衣櫥一樣，同樣能體會到貴精不貴多的好處，而且行李也能減輕許多，可謂一舉兩得。

往後你可以根據自己的需求來調整衣櫥的內容。如果你完全遵守十件精品的原則，並獲得了啟發，請繼續保持下去！如果你覺得有必要多加幾件單品，那也沒關係。要改變習慣並不容易，雖然「時尚夫人」一家人可以徹徹底底只穿十件精品，卻不代表這種做法適合你。最重要的是能在這個過程中有所心得，對於衣物的選擇更加謹慎，以保持家居整潔的心情來維持衣櫥整潔。循序漸進，最終你將能找出真正適合自己的穿衣風格。

Review

4

重點複習

1） 把衣櫥裡的衣服通通清出來，千萬不要手下留情！

2） 其他季節的衣服，另外找地方收納起來。

3） 給自己設定一個期限，期間內嚴格遵守十件精品原則（我試過一個月）。

4） 慎選十件精品。記住，其中不包含外套、特殊場合服裝、配件、鞋子和內搭衣物。

5） 嚴格執行一段期間後，檢討行得通和行不通的部分，然後視需要加減衣物。

6） 最重要的是享受這個過程。這個練習的重點，在於學會如何打造一個裝滿心愛衣物的衣櫥，讓你隨時都有合適且像樣的衣服可穿。

Video
作者示範十件精品衣櫥

Lesson 5

掌握最適合自己的風格

FIND YOUR TRUE STYLE

還記得我陪「時尚夫人」出門買菜那件事嗎？那天除了發現夫人維持身材的祕訣（就是勤跑附近的食品專賣店），其實還發生了另一件事。

雖然我不是很瞭解夫人，有時候甚至有點怕她，不過我跟她相處上基本還算愉快。她不像「波希米亞夫人」那樣熱情，可是我感覺她也喜歡我，只能說，大概我是不習慣她拘謹正經的天性吧，不過我很享受有她作伴，而她也沒有嫌棄我的法語。那一天，她問我想不想陪她出門做日常採買，我頓時備感光榮，覺得她把我當作自己人了！

我飄飄然地跟她出了門，可是走出家門口才不過一個街區，她就突然轉過頭來直率地對我說：「妳穿這件毛衣不好看。」

「什麼？」我記得自己震驚之餘如此反問。我低頭看著身上被厚重外套遮住大半的香蕉共和國（Banana Republic）春綠色兩件式毛衣，想說我一定是聽錯了。

她又再說了一次。

「真的嗎？」我這次用英文反問，感覺有點受傷。「可是這件是絲與喀什米爾混紡的！」

「不，珍妮佛，我說不好看不是料子的問題。」她邊說邊目光如炬地盯著那件不討喜的毛衣。「問題出在顏色，它一點都不適合妳，它讓妳變得黯淡，看起來很……蠟黃。」

好殘酷啊！我記得自己當時滿腦子只想著：「我看起來很蠟黃？」夫人講話那麼直接，實在是嚇到我了。無論什麼情況下，我和朋友總是會說對方看起來很棒，如果對方看起來真的很糟，我們是什麼話也不會說的（既然說不出好話，乾脆別說了吧）。Mon Dieu（我的上帝），一定是我醜斃了，夫人才會忍不住說出口！

她察覺我臉上的羞愧，安慰我道：「珍妮佛，別那麼沮喪。身為女人，妳一定要知道什麼顏色最適合妳。如果沒人告訴妳，妳怎麼會知道呢？我只是這樣覺得而已。」

這倒是真的。我又低頭看了一眼毛衣，它其實是朋友送的禮物，我也不怎麼喜歡這個顏色，這不是我會挑的款式。仔細想想，我根本不會去買兩件式毛衣，那完全不符合我的風格，可是這件是免費的，而且是人家送的！再說，它可是喀什米爾與絲混紡的香蕉共和國高檔貨呢！

我試探著問她：「那妳覺得我適合什麼顏色？當然，除了綠色之外。」

「Mais pas du tout（不是所有的）！」夫人嚷道：「妳穿祖母綠、薄荷綠和藍綠色都會很迷人，總之不是這種春綠色。」她一邊解釋，視線又轉向我身上的不幸毛衣。我決定把外套扣了全扣上，免得她再露出那種憐憫的眼光。

夫人接著斷言我還適合茄紫色、寶藍色、寶石紅、黑色、奶黃色、梅紅色、薰衣草紫、西瓜紅和鮭魚粉。事實上，她說大部分的顏色都很能襯托我，只除了某些黃色和這種春綠色。

在我們進入混亂的巴黎市場前，夫人又傳授了一個秘訣，讓我的防衛之心完全瓦解，對她俯首稱臣。她說：「女人一定要仔細分辨哪些東西會替妳的美麗加分或減分。」

說來慚愧，我以前從來沒認真思考過「人靠衣裝」的道理，我以為外表是不能改變的。我雖然不討厭自己的長相，卻一直不懂得慎選服裝來達到修飾的效果。當然，我相信大家去買衣服的時候，心底都想讓自己變得更好看，但是我們究竟花了多少心思去挑選服裝呢？如果我們穿衣服不只是為了禦寒，或不想犯下當眾裸露罪，或許我們該把服裝視為一種表演藝術——不僅僅要吸引異性，更要對自己的外表產生自信。那麼，你知道自己穿什麼衣服不好看嗎？還是你也需要夫人這樣的旁觀者對你直言不諱呢？

我們為什麼會穿錯衣服

那天晚上我回想起這件事，思索自己一開始為什麼會穿那件毛衣。我一向不怎麼喜歡兩件式毛衣，更別說那豌豆湯般的綠色（是的，我暗自把那件毛衣的春綠色降格為豌豆湯綠了）。想來想去，我會穿它是因為那是別人送的，但這是唯一的原因嗎？或許我應該對自己身上要穿什麼衣服更嚴格一點。

前面兩章提到吃東西不能隨便，同理可證，穿衣服當然也不能隨便。換句話說，吃到身體裡面的東西要挑剔，穿在身體外面的東西也該講究。你不怎麼喜歡的衣服，肯定不能表現出你真正的品味，既然如此，何必穿它？

我們總是不知不覺留了一堆不適合自己的衣服，又莫名其妙的穿上身——或許是親人送的禮物，不穿不好意思，又或許是一時衝動亂買，事後雖然不喜歡，但是不穿又怕浪費，更或者是盲目跟隨流行，看到名模或名人穿起來很好看，就幻想穿在自己身上也同樣出色。凡此種種，都是我們穿錯衣服的原因。

我們穿在身上的衣服，絕無例外一定要是自己喜歡的、能夠修飾自己的，而且能表現出自己真正的風格。

找出個人的風格

那天與「時尚夫人」的一席話，使得我體認到該好好琢磨自己的品味了。在此之前，我的衣櫥像是多重人格患者的衣櫥——波希米亞風、學院風、都市雅痞風——亂七八糟什麼都有。

觀察法國女人的日常穿搭後，我發現她們很有個人風格。就夫人而言，她的品味典雅保守，喀什米爾毛衣、A字裙和平底鞋或低跟鞋是她的招牌裝扮，她這樣穿看起來舒適自在又自然。

「波希米亞夫人」的打扮也充滿個人特色，她熱愛波希米亞風（不難想像吧），常穿七分袖或無袖上衣配飄逸的長裙，鮮有例外。這兩位夫人都很瞭解自己，而且能坦然表現自我，無法想像她們會站在衣櫥前不知道要穿什麼。

在有意無意之間，這兩位夫人的穿著都深深反映出她們的個人風格。「時尚夫人」不喜歡追逐流行（我想她也因此免於許多穿搭上的苦惱），她知道什麼樣的衣服穿起來好看、能為她的美麗加分（就是我們出門買菜時她給我的箴言），並且讓她感覺自在。我相信她衣櫥裡的每件衣服，她都由衷地喜愛。

定位個人的風格

如果你像「時尚夫人」一樣喜愛自己衣櫥裡的每件衣服，那麼你的風格應該已經呼之欲出了。現在，試試看能不能用簡單幾個字形容出自己的風格。

藉由描述自己的風格，我們可以更有效地掌握自己的服裝類型。別擔心被侷限，風格有很多種，從典雅、時髦到不拘一格通通都算，你可以隨時重改定義。

如果你走的是范冰冰或伊莎貝拉・布羅[3]（Isabella Blow）那種特立獨行的高級時裝路線，你可以形容自己是「前衛時尚風」（eccentric chic）。如果你偏好英國凱特王妃那種優雅洗鍊的風格，你可以形容自己是「閨秀時尚風」（ladylike chic）。總之，盡情發揮創意吧，不必拘泥於「波希米亞」或「都市雅痞」這種大家都耳熟能詳的名詞！

〔註3：英國時尚雜誌編輯，常以奇特的帽子搭配紅唇亮相。〕

以我為例，我會形容自己現在的風格是「休閒質感風」（laid-back luxe）。「休閒」，是因為我大部分時間住在加州，所以會穿休閒中帶點時髦的衣服，至於「質感」，則是因為我喜歡絲質、喀什米爾和特柔棉織物之類的高級材質，而且我會以簡約的服裝搭配最好的首飾。還有，我每年都會和家人去歐洲（主要是英國）住幾個月，因此我的加州休閒服飾還要能在比較需要盛裝的倫敦充得了場面。我最常作的打扮是合身休閒西裝外套內搭絲質上衣、緊身牛仔褲和芭蕾舞平底鞋，或是針織洋裝配長版圍巾和別緻的涼鞋。在這兩種打扮中，牛仔褲和針織洋裝是「休閒」的元素，而西裝外套、絲質上衣、涼鞋和圍巾則是「質感」的元素。老實說，我也不知道時尚界究竟有沒有「休閒質感風」這種說法，反正我就是如此形容我的穿衣風格。

除此之外，你也可以研究公眾人物或路上的行人，想想看你的打扮是受到哪些人的影響及啓發。我的時尚偶像包括蘇菲亞・柯波拉[4]（Sofia Coppola）、奧黛莉・朵杜[5]（Audrey Tautou）、瑪莉詠・柯蒂亞[6]（Marion Cotillard）、蜜雪兒・威廉絲[7]（Michelle Williams）和英國的凱特王妃。

釐清自己的風格之後，你可以做一些功課，研究哪些設計師比較貼近你的風格。比方說，如果你是「閨秀時尚風」，喜歡穿手工訂製外套、優雅洋裝和女性套裝，可以選擇的品牌包括Nanette Lepore、Catherine Malandrino、Diane von Furstenberg，和Jenny Packham。至於我的「休閒質感風」又有哪些品牌呢？A.P.C、BCBG Max Azria、Diane von Furstenberg、Ferragamo、James Perse、J Brand、J.Crew、London Sole、Nanette Lepore、Rebecca Taylor、Velvet和Vince，都是我比較常買的幾個牌子，只要走進這些店，十之八九能找到適合我的衣服。

〔註4：美國導演。〕

〔註5：法國女演員，《艾蜜莉的異想世界》女主角。〕

〔註6：法國女演員，《終極殺陣》女主角。〕

〔註7：美國女演員，電影《斷背山》女主角之一。〕

呈現自己的形象

風格決定了形象。想想看，你衣櫥裡的衣服風格還適合現在的形象嗎？假如以前唸大學走的是學院風，但是過了十年老是穿馬球衫、卡其褲也該膩了，這時不妨試試別種風格。我認為最起碼每隔十年，我們就該重新評估一次自己的服裝風格。說實在的，一個女人在二十歲出頭穿的衣服，到了四十歲再穿可能不怎麼恰當。隨著年齡增長，我們的學識、品味和財力（希望如此）也會有所增長，而我們的衣著應該反映出這一點。

釐清自己的風格還有一個好處，那就是比較不會買到不易搭配的單品。相信大家都有過這樣的經驗，出去逛街隨便買了一件衣服，回家後才發現跟其他衣服搭不起來，結果只好再去買別的衣服來搭配。追根究柢，如果買的衣服不是你的風格，那當然搭不起來。

自從定位自己的風格之後，我省下不少冤枉錢和時間。基本上我不太在意流行趨勢，只挑喜歡而且適合我的衣物。買衣服是一種樂趣，我只在喜愛的幾個牌子換季時去逛逛，挑個幾件來補充衣櫥的不足之處。

認識自己

如果沒有「時尚夫人」這樣勇於直諫的旁觀者，我們就無法得知哪些東西會讓我們的美麗減分嗎？錯！每個人都深悉自己的風格，也知道自己穿什麼樣的衣服好看。我穿著那件綠色毛衣時，內心深處其實知道它不適合我——我不覺得自己穿起來漂亮——只是因為一堆錯誤的原因才繼續穿著它。人生苦短，每一天都很重要，何必浪費時間穿你不喜歡的衣服呢？

每一天，我們仰賴直覺做出種種正確的決定：誰值得信任？要走哪一條路？中午吃什麼？我們的直覺當然也能幫助我們選出正確的衣服，問題只在於你是不是忽略了自己的直覺。如果是的話，原因是什麼？

假設你住在很冷的地方，覺得冬天應該穿黑色、海軍藍和灰色，因此衣櫥裡多半是深色衣物。你雖然想穿得鮮豔一點，可是卻想到一大堆只能穿深色衣服的理由：「我不想在街上一堆黑色服飾中，因為穿著紅外套而引來不必要的注意」，或是「上班途中如果被路上的水窪濺到，穿深色衣服才看不出污漬」，又或是「聽說穿黑色看起來比較時髦」。

你可能總是用這種藉口來說服自己，而非聆聽自己的直覺——我穿鮮豔的衣服會更漂亮更快樂。如果你就像上面的例子一樣經常壓抑自己的心意，不妨抱著實驗的心情，順著直覺穿上最想穿的衣服。認識自己並聽從內心的聲音，你將會發現自己獨一無二的美麗。

Bien dans Sa Peau

這句法語的意思是「自在做自己」。我發現好多法國女人都體現了這個道理——她們充滿自信，瀟灑隨興。「時尚夫人」和「波希米亞夫人」都很**bien dans sa peau**，雖然在許多方面大不相同，可是她們都以輕鬆優雅的態度扮演好自己的角色，不會對生活裡的任何事情顯得神經兮兮。我相信她們也有不順的時候，但是她們的情緒大致上都很快樂安定。我認為她們之所以能如此知足常樂——既不會自我意識過剩，也不會猶豫不安，主要的原因是認清了自己的風格，不隨他人起舞，才能顯得既自信又美麗。

Review 5 重點複習

1） 穿在身上的衣服，一定要是自己喜歡、能夠修飾自己的，而且能表現出自己真正的風格。

2） 釐清自己的風格，才不會買錯衣服。

3） 先想像自己要呈現什麼形象，再決定要穿什麼。

4） 聽從直覺挑選衣服；你的內心深處其實知道怎麼穿好看，怎麼穿難看。

Lesson 6

完美裸妝

PERFECT
LE NO-MAKEUP
LOOK

住在巴黎時，我喜歡到咖啡廳點一杯牛奶咖啡，坐好幾個小時盯著人來人往。雖然觀察法國男人很有趣（基於某些原因），但我同樣喜歡看法國女人，因為她們的妝因為自然到似有若無；她們的臉頰上有天然的光澤，眼睛深邃，而嘴唇通常是美麗的大地色，基本上就像是一種裸妝。

與大部分的法國女人一樣，「時尚夫人」和「波希米亞夫人」也都是裸妝愛好者。「時尚夫人」的臉看起來總像是有化過妝的樣子，可是一點都不會不自然，我甚至至說不準她到底在哪些地方動了手腳，只知道她有擦唇膏。「時尚夫人」有些年紀，上唇膏讓她的氣色更好；她通常擦紅色的，偶而會換淺粉紅，有時候也會上點睫毛膏來修飾眼睛，除此之外我真的看不出來別的，只能說她的化妝技巧實在太高明了。她的臉色總是明亮健康，我猜想她既然有擦唇膏和睫毛膏，應該也會上粉底和腮紅，至於臉頰上始終散發的自然光澤，或許是因為她總是忙進忙出所致，總之我永遠弄不清楚。

「波希米亞夫人」也沒有明顯的化妝痕跡，由於她的風格比較隨興（換句話說就是波希米亞），說不定真的沒有。她的膚色均勻、臉色明亮，至於有沒有化妝則是個謎。她喜歡擦粉紅色唇膏，這是我唯一能確定的地方。

似有若無，正是裸妝的基本精神和用意。裸妝的女人看起來既精神又自然，無言之中暗示著：「我有更重要的事情要做，沒有閒工夫花一個小時化妝。我得趕著去很多地方，做很多事情。我有自己的人生！」話雖如此，她並非不注重自己的儀容，她明白神秘的自然美更能增添魅力。

我一發現裸妝這個概念，便全心全意地愛上這種化妝技巧，因為我過去的妝實在令人難以恭維——不是大濃妝（夜遊專用）就是素顏，非常極端，我壓根兒不知道白天出門該怎麼化妝。

於是乎，我開始實驗並研究裸妝。我想要打造一個日常妝容，既可以巧妙地修飾面容，讓我更漂亮更有自信，同時上妝方式又快又簡單，如此我才有信心天天都化；我希望它看起來極度自然，最好別人猜不透我究竟有沒有化妝。簡單說，我想要時時刻刻都很漂亮。

我在巴黎時開始嘗試日常裸妝，我每天觀察身邊的法國女人，模仿她們的自然妝容，直到現在我仍在鑽研並改進裸妝的技巧。

裸妝妝容

就我在巴黎觀察到的裸妝而言，我最喜歡以下三種：

自然感裸妝

自然感裸妝非常隱約，薄薄一層粉底讓膚色均勻，加上一點點腮紅和睫毛膏，配上中性的唇膏顏色；恰到好處的修飾，給人專業又不失自然的感覺。這種裸妝花不了多少時間，天天化可以讓自己的氣色更好，不論是辦公（例如工作面試）或出門跑腿處理雜事都很適合。

強調眼睛的裸妝

這個妝容的重點在於眼線和自然唇色，基底是自然感裸妝，只不過加上眼線（我最喜歡的化妝品），感覺就變得更嬌媚時髦，十足的巴黎風，好像一起床綁個頭髮描上眼線就出門那麼隨興（我自己出門是沒那麼簡單，不過你知道我的意思）。這個妝容很適合去參觀博物館、看電影，參加隨興的音樂會或任何藝文活動。想營造神祕感時，不妨試試看，深邃的電眼絕對能增添女性神祕氣質。

強調嘴唇的裸妝

這個妝容的重點在於搶眼的嘴唇（也許是紅色）和無色的眼妝。擦上粉底和腮紅之後，塗上顏色強烈的唇膏（例如莓紅、深紫或大紅），眼部不上眼影，只擦睫毛膏（也可以加上眼線），這樣的妝容比較浪漫，而且能讓大家注意到你的嘴唇，尤其是當你感覺熱力四射、異想天開或充滿冒險精神時。這個妝容也會暗示別人，盡管你有許多正事要做，沒時間慢慢化妝，但你還是記得擦上唇膏展現女人味。這個妝容很適合第一次約會（或任何約會），或是不想讓臉色太素白時，也可以化這個妝。寒冬時節擦上鮮艷的唇膏（例如紫紅色），可以凸顯噘翹的嘴唇，也讓心情隨之高揚。

配合服裝設計妝容

你可以根據服裝來選擇妝容，好讓你的裸妝與衣服相輔相成。比方說，如果今天為了跑腿方便而穿了休閒的上衣、緊身長褲和涼鞋，這時可以選擇自然感裸妝，上一點點粉底、睫毛膏、腮紅和中性色調的唇膏，讓自己的外表更討喜，即使遇到熟人也不會不好意思（我就很容易遇到熟人）。就算不會遇見熟人，打扮漂亮一點心情也會比較好。我數不清有多少次因為路人的打扮而驚豔不已，好想走過去告訴對方：「你看起好漂亮（或好帥），給我很多靈感！」下次出門逛逛或跑腿時，別忘了好好打扮一下，讓路人對你驚豔吧！

如果是比較時尚有設計感或藝術性的服裝，強調眼睛的裸妝會很出色；女性化的衣服可搭配強調嘴唇的裸妝。總之，記得根據你的服裝來決定妝容。

兩分鐘速成妝

在休閒場合或時間急迫時，可以化這個妝，它大致上就是前面提過的自然感裸妝的基本版，主要會用到下列三種化妝品：

——遮瑕膏

——睫毛膏

——唇彩

遮瑕膏

遮瑕膏造福了許多女人，我正是其中之一。我的眼睛下方有新手媽媽免不了的黑眼圈，右臉頰上有幾根小小的血管特別明顯，除此之外，臉上還不時有些斑點或暗沉需要遮掩。

兩分鐘速成妝的重點，是要讓膚色均勻。建議你找相熟的化妝品專櫃人員幫你挑選合適的遮瑕膏顏色。雖然自己挑並不會錯到哪裡去，可是專家可以選出最完美的顏色，無痕地與你的膚色融成一片。遮瑕膏的痕跡如果太明顯，遮瑕部位反而會更搶眼，也失去了遮瑕的原意。

遮瑕膏可以上在任何需要隱藏的部位。請務必在自然光底下檢視自己的臉，確認遮瑕膏與膚色完美地融合了。很多時候我們就著浴室的燈光化妝，出了門到了自然光底下，才發現遮瑕膏沒抹均勻。

睫毛膏

時間允許的話，可以先把睫毛夾翹。如果來不及，不夾也沒關係，只要刷上你最喜歡的睫毛膏就行了。睫毛膏刷得越薄，看起來越自然。我很喜歡睫毛膏的效果，所以兩眼至少會各刷三層。睫毛膏可以放大眼睛，同時強調出眼睛的輪廓，瞬間提升你的美麗。我個人最愛的睫毛膏，是香奈兒的深邃大眼黑色睫毛膏。

唇彩

護唇膏、唇蜜或口紅都算是唇彩，你可以按自己的偏好或時間選用。

不論再怎麼匆忙，我一定不忘記滋潤我的嘴唇，因為乾裂的嘴唇一點都不好看。就算是沒有顏色的護唇膏也能讓嘴唇呈現潤澤感，使妝容更完整。當我化兩分鐘速成妝時，通常不會選擇鮮豔的唇彩，因為感覺有點突兀。如果你覺得大膽的唇色也不錯，那就勇敢的試試看吧！

五至十分鐘的妝容

開頭提過的三種裸妝，全都可以在五到十分鐘之內完成，你可以自由選擇要畫哪一種。十分鐘的妝容會用到下列化妝品：

——遮瑕膏
——粉底
——腮紅
——眉筆、眉粉和眉毛刷
——眼線（選擇性）
——睫毛膏
——唇彩

遮瑕膏

請參見兩分鐘速成妝的說明。

粉底

上遮瑕膏之後再上一層粉底，可以讓膚色更勻稱。我喜歡礦物粉底，因為比較透薄，以前也用過潤色隔離霜和其他輕薄型的粉底液。建議你請化妝品專櫃的專業人員挑選適合你膚色的粉底。如果你的膚質好，不想上粉底，也可以略過這個步驟。就我自己而言，如果我要化精緻一點的妝，少了粉底就好像少了什麼——臉上沒有粉底卻有腮紅和眼線，就像穿了好看的上衣和鞋子卻沒穿褲子！現在的粉底不像過去那樣厚重乾硬，不會把皮膚整個蓋住。你可以挑透薄一點的粉底來修飾膚色，讓臉色更漂亮。我的習慣是在粉底之後上一點無色蜜粉來定妝。我多年以來愛用的粉底是bare Minerals的中間米色霧光粉底，還有Hourglass Illusion的米色潤色保溼霜，兩款產品都有防曬的效果。

腮紅

我最近才開始愛上腮紅。我以前不知道腮紅該怎麼用，深怕一擦就像小女孩扮家家酒一樣好笑，可是我現在發現，雙頰上有一抹嫣紅能讓整個臉色亮起來。上腮紅的訣竅是要均勻，不要與周邊的肌膚有明顯的界線。腮紅的質地分很多種，粉狀、液狀、霜狀、膠狀或膏狀都有。紅潤的臉色最能表現出熱情和浪漫的感覺，所以不妨挑個喜歡的腮紅顏色，讓自己看起來更熱情吧！記住，腮紅要顯得自然，一定要反覆仔細地刷開來。

眉筆、眉餅

如果你的眉毛不甚完美——稀疏、不均勻、太細或左右長度不一，只要選個合適的顏色補畫上去，就能達到很好的效果了。各大化妝品牌幾乎都有畫眉毛的產品，我個人是偏好用眉餅。選擇眉筆或眉餅時，一定要挑選與眉毛相近的顏色，太深（看起來會很兇）或太淺都不好。不確定的話，可以尋求專櫃人員的協助。畫眉毛時最好一筆一筆慢慢描繪，效果最自然。

眼線

想要畫強調眼睛的裸妝時（這是我最常化的妝），可以使用我最喜歡的化妝品——眼線。如果說眼睛是靈魂之窗，眼線就像是窗簾一般畫龍點睛！我畫眼線或任何眼妝之前，都會先上妝前打底霜。我的眼皮一整天下來會出油，眼妝很容易糊掉，一定要先上打底霜，才能讓眼妝全天不脫落。我會在眼皮上輕輕塗抹打底霜，然後再畫眼線。想要自然一點的時候，我會畫棕色的眼線，比起黑色眼線，棕髮綠眼的我畫棕色眼線更自然。有些女人畫黑色眼線超美的，可是我畫起來就是有點兇。盡情實驗哪一種顏色最適合你吧！當我想要大膽一點或像個藝術家的時候，我就會用黑色的眼線。不論是眼線筆、眼線液、眼線膏或眼線粉，畫的時候手要保持穩定。多練習幾次，熟能生巧。

睫毛膏

請參見兩分鐘速成妝的說明。睫毛膏應該是眼妝的最後一個步驟（眼影和眼線之後）。

唇彩

如果你想畫強調嘴唇而非眼睛的裸妝，那就挑一種唇彩和顏色吧。舉凡唇膏、唇蜜、唇線筆、潤色護唇膏等等，都算是唇彩。即便是強調嘴唇的妝，我還是喜歡自然一點的唇色，所以我通常會用唇膏在唇上點幾下，有一點顏色又很潤澤。你可以先描唇線再畫鮮豔的大紅色唇膏，或是只上一點粉紅色唇蜜，總之只要符合你的氣質和當日的服裝就行了。有一點年紀的女性如果想讓膚色更明亮一點，可以選擇較為強烈的顏色。我一向很讚嘆瑪莉昂・霍拉維爾（Marie-Ange Horlaville）的美麗，她是法國TV5Monde電視台《Nec Plus Ultra》的節目主持人，雖然有一點年紀了，可是卻比許多年輕的主持人更時髦美麗。她總是擦迷人的鮮紅色唇膏，堪稱是強調嘴唇的裸妝完美典範。「時尚夫人」也喜歡強烈的唇膏顏色，像是深粉紅色或紅色，她擦起來都有臉色一亮的效果。

十五分鐘的妝容

出席特別場合或是想打扮得比較漂亮一點的時候，可以選擇這個十五到二十分鐘的妝容。除了前面十分鐘妝容提過的所有步驟外，再另外加上眼影。一般來說，畫了眼影，重點就放在眼睛，唇色應該自然不顯眼一點。

眼影

上眼影要在妝前打底霜之後，但在其他眼妝之前。如果選粉狀眼影，畫壞了可以輕易揮掉，不會影響底妝。恰到好處的眼影能讓眼睛更深邃，營造性感神秘的感覺。我不喜歡太強烈的顏色，畢竟我們要的是裸妝。我偏愛自然的煙燻畫法，顏色則喜歡適合我綠色眼珠的灰褐色和梅紅色，你可以試試自己喜歡的顏色，看哪一種最能襯托你的眼睛。如果你像我一樣不懂得搭配眼影顏色，可以選本來就配好的兩色或四色眼影盤。另外，不同顏色最好用不同的眼影棒，如果沒有那麼多眼影棒也沒關係，反正可以用眼影盤附的工具。不過，有個重要工具絕對不能省，那就是眼影暈染刷，它可以把眼影巧妙的暈開，創造自然迷人的電眼。最後一個重點，記得先在眼皮上塗抹妝前打底霜，讓眼影更持久。

關於定妝噴霧

定裝噴霧可以讓你的裸妝（或任何妝容）更完美。畫好妝之後，只要噴上一點定妝噴霧，就能讓妝容維持好幾個小時不脫落，完全不必補妝。定妝噴霧是我每天化妝不可或缺的法寶！自從用了它，出門再也不必帶一大包化妝品隨時補妝。我個人愛用Skindinavia的Original系列定妝噴霧，不過市面上還有很多種品牌，你可以多拿些試用品，看哪一個牌子最適合你。

Review

6

重點複習

1）為自己設計一個容易完成的素顏造型，讓自己天天都漂亮。

2）想要氣色好一點，畫個裸妝吧！

3）想讓雙眸自然深邃，可以運用強調眼睛的化妝技巧。

4）想要調皮浪漫一點，可以畫強調嘴唇的裸妝。

5）配合時間多寡，選擇合適的妝容。

6）化妝前，先想想今天要穿什麼或做什麼。

7）盡可能請專業櫃姐幫你挑選最適合膚色的化妝品顏色。

8）用定妝噴霧保持妝容（在公共場合補妝一點都不時尚！）

9）享受化妝的樂趣，盡情實驗不同妝感，不時換個花樣吧！

Video

作者示範完美裸妝

Lesson 7

肌膚保養

TAKE CARE OF YOUR SKIN

我在巴黎唸書時，最喜歡的課是藝術史，姑且稱這堂課的老師為教授這當然不是真名，不過就像「時尚夫人」和「波希米亞夫人」一樣，取個綽號比較好記。「完人教授」是以巴黎為家的英國人，他對法國藝術有深刻的見解，一邊做研究一邊教書，可說是我大學生涯裡遇過最博學幽默的教授。我之所以稱他為「完人教授」，是因為他的審美觀非常嚴格，畢竟他是個藝術鑑賞家，有極高的美學標準也不足為奇。

星期一我們會在教室裡觀

賞世界知名畫作的投影片，教授會旁徵博引地講解其中的戲劇要素和來由，以及相關的創作者授權；星期三他會帶我們到巴黎一流的博物館，參觀星期一上課講到的作品。

某個星期三早上我正準備去上課時，不幸發現一夜之間鼻子中央冒出一顆大痘痘。

從青春期至今，青春痘問題一直困擾著我。它們總是莫名其妙就冒了出來，事前一點徵狀都沒有，一長就一大顆，遮也遮不住，想忽略也難。

我當時還不懂得裸妝的神奇功效，手邊也沒有遮瑕膏。當然我現在知道處理青春痘的第一原則是「不要摸它」，而第二個原則是「適度遮蓋直到消去為止」，可惜我那時候毫無概念，不知死活地又擠又戳，想把它弄掉，結果它當然沒有消失，反而變得更大更紅。

我得趕去奧賽博物館集合，和同學一起去看馬奈的《草地上的午餐》（我最喜歡的畫作之一），眼見快遲到了，我可不想因為一顆笨青春痘而錯過這個學習機會，於是決定不管它，就這樣出門上課去。

那堂課果然很有趣。學習自己喜歡的畫作典故，沉浸在藝術的世界裡真是太美妙了。下課後，我因為對一幅畫有些問題而去請教「完人教授」。我等另一個學生問完問題後，走上前去提問。當我講到一半時，突然發現教授根本沒在聽。他並非直視我的眼睛，而是瞪著我臉上的其他地方看——他的視線落在我的鼻子上，我瞬時羞愧地想起來臉上有顆大痘痘。懦懦地結束問題後，教授卻靠了過來，似乎想近距離審視我的痘痘。他默默看了一會兒（時間長到足以讓我無地自容），然後開口說：「很抱歉，問題可以再說一次嗎？」

我從那天起，開始注意法國女人的皮膚，尤其是「時尚夫人」和「波希米亞夫人」的臉。我發現她們的膚質都很乾淨美麗，既沒有明顯的皺紋，也沒有鬆垮或日曬傷害的跡象，更別提青春痘了。仔細想想，我在法國見到的所有女教授皮膚都很不錯，還有菸草店和咖啡店的女店員也是。為什麼法國女人的皮膚如此容光煥發呢？當中莫非有什麼祕密！

法國女人保養肌膚的功夫是出了名的，而且她們注重的不光只是臉而已。我們都聽說過，法國女人如何用乳液推開大腿的脂肪團，就連脖子到胸肩的肌膚也有辦法保持緊緻。法國俗語「自在做自己（Bien dans Sa Peau）」指的不僅是自信、安樂來源的身心，也是美麗的肌膚。

肌膚保養是法式美學的第一大重點。畢竟要在自己的皮膚裡感覺自在，皮膚的狀況當然要頂尖，因為從皮膚的好壞，可以看出一個人的身心狀態。幸虧法國有各式各樣的保養方法——做臉、按摩以及具備各種療效的乳液，幾乎每個人都可以擁有美麗的膚質。

關鍵在於水

皮膚要好，水一定不能喝太少。許多法國女人晚上睡覺前會喝一大杯水，早上起床再喝一大杯，一整天下來不斷補充水分，我住在法國時也養成了這個習慣。我們整天忙東忙西，一不注意，水可能就喝得不夠。先從睡前和起床各喝一大杯水開始，以水潤的身體展開新的一天，這樣一缺水時感覺會更明顯，更能幫助你養成時時喝水的習慣。

口渴時別老喝星冰樂、豆奶拿鐵、果汁和甜茶。並不是說這些通通都不能喝，而是最主要的飲料應該是水。注意，這也是維持苗條的秘訣，除了水之外的其他飲料都含有多餘的卡路里。「時尚夫人」很少喝水之外的其他飲料，頂多早餐喝一杯茶，即使舉辦晚宴，她最愛的餐前飲料是番茄汁，而我們其他人都喝威士忌。我得承認，喝酒開心多了，不過顯然因此她的皮膚也比我好。

酒精類飲料最好也別喝太多，尤其是含糖的雞尾酒。夫人鮮少喝酒，只有偶而在晚餐時喝一杯紅酒，似乎是因為少喝酒多喝水，她的皮膚總是顯得水潤光滑，比實際年齡年輕。如果你習慣晚餐要喝一杯酒，那麼盡量在餐前和餐後多喝水，幫助自己保持水分。

我喜歡在睡前喝一杯水，裡面擠一片檸檬的汁。檸檬具有幫助人體排毒的成分，而且能舒緩腸胃。晚上想喝咖啡的時候，我會用熱水摻檸檬汁取代，即使是去餐廳吃飯，大家餐後都點濃縮咖啡，我還是喝我的檸檬水。檸檬能舒緩我的神經，我睡前總是很慶幸沒有咖啡因害我失眠。

另外，記得多吃水果和蔬菜。蔬果的排毒成分非常豐富，可以讓膚質變好，再加上其中含有大量的水分，有助於肌膚保濕。

保持熱情，拋開壓力

熱情和壓力很難並存，而法國人崇尚熱情，並不作興緊張兮兮的。

當我情緒失衡的時候，大多是因為壓力的緣故（荷爾蒙作祟也有一些關係）。我會不知覺地屏住呼吸，並聳緊肩膀，也因此使得體內循環不順暢，呼吸變得短促，甚至冒出青春痘。當你處於壓力之下，身體便會發出警訊，至少，皮膚會變差，因此，一旦感覺壓力大的時候，就盡量嘗試各種舒壓的方法吧！

「時尚夫人」和「波希米亞夫人」看起來總是很愜意的樣子，但是她們的生活並不輕鬆。「時尚夫人」有一份兼職工作，還一手包辦所有家務，從不假手於幫傭或清潔公司。工作之餘，她打掃房子、料理三餐、採買購物、服侍家人、洗滌四個人的衣物、每週舉辦一次晚宴等等，壓力不能說不大（我光想就覺得好累）。「波希米亞夫人」也不惶多讓，也是家事一把罩，甚至還有一份全職工作，更別忘了，她還是個單親媽媽！雖然世界上有很多女人也在做這些事，可是比起我在美國觀察到的女人，她們就是顯得比較不慌不忙。

「時尚夫人」靠著每天散步買菜來排解壓力。運動有極好的舒壓效果，而且頂著寒風散步對皮膚也非常好，除此之外，不管多麼瑣碎的事情，她做起來都很愉快。「波希米亞夫人」也是如此，她打從心底喜歡每天在自己所愛的城市裡走來走去。她會在自己舉辦的晚宴上，喝一杯紅酒或特製的香檳雞尾酒放鬆一下，閒暇時欣賞藝術作品也帶給她莫大的快樂。

每個人宣洩壓力的方法都不一樣。我自己喜歡瑜珈、打坐、彈鋼琴、散步，或是泡摻了香精油的熱水澡，此外，我還會定期去按摩，這也是我接下來要聊的重點。

按摩的功效

按摩是肌膚保養很重要的一個環節，優質的按摩不僅有助於緩解壓力，還能清除人體內的毒素，不過按摩後記得要多喝水，才能達到最佳的排毒療效。總之，盡可能定期接受按摩，不論是去專業的美容店，或是讓親愛的人幫你來個浪漫的推拿都好。

洛杉磯有很多很棒的足部水療小店，一個小時的全身指壓和腳底按摩只要美金二十五元，由於價錢實在便宜（即使加上大筆小費），我每個禮拜都會做一次。自從開始定期接受按摩之後，我的壓力大減，膚質也明顯變好。如果你家附近沒有便宜的按摩店，不妨在下次做指甲時多加十分鐘的按摩，或是找按摩學校的學生，講個划算一點的價錢。

諮詢專業人士

肌膚問題找專家解決最保險，最好是定期接受皮膚科醫生、美容師和其他肌膚保養專家的診斷和治療。我自從想辦法挪出一筆預算後，每隔一段時間就會去做臉，結果皮膚真的變好了。藉由定期去除角質死皮和拔粉刺，我的整體膚質大有改善，再也不必靠一堆化妝品遮瑕。

您可以請親友推薦，或是上網看網友的評論，找出值得信賴的皮膚保養專家，定期做肌膚保養。我在聖塔莫尼卡時，會找Petite Spa的麗莎·蓮娜·梅耶（Lisa Lianna Mayer），她照顧我的皮膚多年，對我的肌膚問題瞭若指掌。我很喜歡坐在店內明亮的迷你接待廳，在等美容師為我服務時，悠哉地喝著黃瓜水，接下來的一個小時內，我只要躺著讓美容師幫我清潔皮膚、去角質、按摩和保濕（我已經習慣拔粉刺的痛了）。每次做完臉，我都覺得自己容光煥發，皮膚變得更年輕。

如果挪不出美容預算，你也可以在家自己保養。洗完臉之後，把臉靠在滴了精油的熱水盆上，讓熱氣蒸開毛孔，再來除粉刺。敷上粉刺面膜，敷完後再進行保濕就大功告成了。就算不去美容店，在家也是有一些放鬆的方法，例如把自己鎖在臥室裡不受別人打擾，播放輕鬆的音樂，然後深呼吸等等。

精打細算，找出最適合你的保養品

對於皮膚保養產品，法國人是出了名的捨得花錢。他們會根據自己的預算購買最好的乳液、精華露和洗面乳，絕不手軟。我不得不同意，保養品是一分錢一分貨，不過藥妝店其實也有不錯的平價產品可供選擇。坦白告訴美容師你的預算，對方才能針對你的皮膚狀況指引你一條明路，讓你知道錢該花在哪些地方。比方說，假如你現在三十二歲，或許還不需要昂貴的頸部緊實霜，反而可以把錢花在優質的抗老眼霜上。總之，先弄清楚自己皮膚問題的優先順序，就能把錢花在刀口上了。

有一個東西我很推薦大家買，那就是科萊麗（Clarisonic）的超音波淨膚儀。我自詡為這個產品的非官方代言人，因為我到處宣傳這東西有多好用。我當初猶豫了很久才買，畢竟它的價錢並不便宜（大約美金一百元起），可是現在卻後悔自己怎麼沒早點買——它真的讓我的皮膚脫胎換骨。這個儀器會輕輕地剝除老廢的皮膚細胞，讓你使用的清潔產品得以深入肌膚底層。我認識的人之中，用過的都說自己的皮膚在短時間內明顯地變好了（這點我也可以親身證實）。

並非所有的肌膚保養產品都很貴。我在巴黎的時候，某天早上「時尚家庭」所在的大樓停水，夫人就拿了她的玫瑰化妝水給我洗臉，並發誓她的好膚質就是靠三不五時擦這個保持的，果不其然，一整天我的皮膚都感覺很滋潤。玫瑰水非常便宜，甚至可以自己做。

保護你的皮膚

從青春期一直到二十歲出頭，我沒事老愛往海邊跑，或是坐在游泳池旁曬太陽。我的皮膚很容易曬黑，只要一個小時就能曬出我喜歡的深古銅色，迄今每年度假時，我還是很愛做日光浴（不推薦各位仿效），不過為了彌補日曬的傷害，我現在每天都會在臉、脖子和前胸抹上防曬乳，就算冬天或陰天也不例外，當然每次做日光浴時也必定會防曬。如果你經常曬太陽，擔心有曬斑、皺紋或皮膚癌，建議你戴上寬邊帽，並且擦上高係數的SPF防曬乳。我喜歡戴帽子，因為戴了帽子好像多了點神祕感。

最重要的是……

盡情歡笑，勇於表達，熱情活出自己，對自我本色自信又自在。別理那些見不得別人好的討厭鬼（相信大家身邊都有這種人），泰然處之地做自己最有魅力了。

例行居家皮膚保養

我的例行居家皮膚保養頗為繁複，有時候甚至有點過於神經質，可是我發現，保養肌膚得慢工出細活，稍有鬆懈就無法讓膚質保持在最佳狀態。

晚上

我幾乎天天化妝——很淡的十分鐘裸妝，所以每晚都要把化妝品卸乾淨，並且仔細地洗臉，這樣才不會長痘子。

首先，我會拿兩塊化妝棉沾上眼唇卸妝油，輕輕地卸除眼妝，接著用洗面乳加上超音波淨膚儀把臉徹底洗乾淨。我會將淨膚儀輕輕地按在臉和脖子上，以畫小圓圈的方式整整洗個一分鐘，然後以與室溫相同或稍熱的清水沖洗，再用臉部專用毛巾輕拍掉水分。這個細節很重要，不管在家裡或住旅館，我都會選定一條毛巾專門用來擦臉，這樣才能確保毛巾上沒有殘留洗髮精、潤髮乳，或其他會堵住毛孔的東西。

用專用毛巾把臉輕輕拍乾後（我說過我很神經質的），我通常會抹上化妝水、果酸去角質霜以及精華露或維他命C濃縮精華素，最後再把晚霜以往上輕按的手勢按進皮膚裡去。我使用的保養品不一定每次都一樣，我喜歡實驗不同的組合——有時在去角質洗面乳後只擦保濕精華乳和晚霜，有時則改擦化妝水和果酸去角質霜。

至於眼霜，我會用最無力、力道最輕柔的無名指輕輕地塗抹。睡前我一定會擦護唇膏來滋潤雙唇，然後再喝一大杯摻了檸檬汁的溫水，迎接一夜好眠。

我每週日晚上都會敷面膜，除去臉上的雜質，並紓解壓力。我最喜歡用Epicuren的火山泥面膜，敷完之後皮膚會非常緊緻，尤其遇到特別忙碌的禮拜，就非得靠它來急救不可，而且敷面膜還挺有趣的，雖然常常嚇到老公。

我寫部落格《生活行家》（The Daily Connoisseur）最大的好處之一，就是有機會試用很多創新的保養品牌。我最喜歡的天然保養品牌是Sibu Beauty（這是我在美容方面的重大發現），產品主要成分是沙棘果。另外，我還特別喜歡寶拉珍選（Paula's Choice）的護膚產品（它們有很棒的防曬乳、果酸去角質霜以及溫和的洗面乳和保濕乳液）、Benedetta、德卡（Dermalogica）、Epicuren和源美肌（Eminence）。如果想看我對這些護膚產品的詳細評論，歡迎到我的部落格。

早上

為了不破壞皮膚天然分泌的油脂，我早上都不用洗面乳洗臉，因為過度的清潔會使皮膚出於保護作用而製造更多油脂，從而引發青春痘的產生，所以我的清潔工作只在晚上進行。早上我只用溫水洗臉和脖子，然後就擦上保濕乳液、防曬乳和護唇膏，這樣就做好妝前準備了。

身體

我每天都會為身體去角質，方法是用去角質美容巾或身體刷在皮膚上輕輕畫圓。我洗澡會用Claus Porto、Roger&Gallet、歐舒丹（L'Occitane）和Diptyque的頂級保濕香皂，或是Whole Foods的有機薰衣草香皂，同時再搭配我最愛的沐浴露，還有一週用兩次身體磨砂膏，而且一定會擦乳液或身體滋養油（或兩樣都擦）。白天我會選擇無味或味道清淡的乳液，這樣才不會與香水味互相衝突，晚上則喜歡香味濃厚的乳霜。Arbordoun的Abundantly Herbal系列金盞花霜是我愛用的身體乳之一，它的修復肌膚功效非常神奇。

皮膚不健康時

我們都經歷過身體的變化。生產、年紀變大以及進入更年期，都會使得皮膚變得不健康。我生完第一個小孩後，荷爾蒙非常不穩定，因此長了囊腫性痤瘡。我當時感覺無助又沮喪，我都三十歲了，不該像青少年一樣滿臉痘痘！

這種時候千萬別給自己壓力，這樣只會雪上加霜。我當時找了美容師和皮膚科醫生諮詢，在他們的協助之下，找出對我而言最有效的治療方法。我試圖舒緩自身的壓力，盡可能享受新生兒帶來的喜悅。我吃得好，喝很多水，淨化面膜追加為一週三次。多管齊下短短兩個月，我的皮膚問題就徹底解決了。

我在那陣子發現了Brazilian Peel Clear的痤瘡修護組合，對於預防青春痘非常有效，讓我的皮膚維持在健康的狀態。每當察覺到快要冒痘子時，我就會用它的面膜和荳荳貼。

不論你有什麼樣的肌膚問題——皺紋、傷疤或老人斑，真正重要的是你如何看待自己。就算「完人教授」正盯著你，還是應該抬頭挺胸做自己。每當你覺得別人在注意你的不完美時，十之八九他們其實是在想著自己的問題。大多數的人都對自己某方面很沒安全感，請試著拋開這種不安全感，接受自己原本的樣子吧！想擁有美麗的肌膚，我最好的建議是，無論如何都要坦然面對自己。

Review 7 重點複習

1） 把水當作每天最主要的飲料，控制咖啡因和酒精的攝取量。

2） 每當你覺得壓力變大時，做些有助於放鬆的事情。

3） 定期找專業按摩師或愛人幫你按摩。

4） 定期去美容店做臉（如果有這筆預算的話）或自己在家保養。

5） 事前做功課，精打細算挑選最適合自己的產品。

6） 每天擦防曬乳保護皮膚，別漏了脖子、肩膀、手臂和雙手。

7） 最重要的是，不論你的肌膚狀況如何，盡可能坦然以對。自在的女人最有魅力。

Lesson 8

無時無刻儀容得體

LOOK PRESENTABLE ALWAYS

我對「時尚家庭」的第一印象是他們的房子好漂亮，其次注意到的，就是他們的樣子都好體面。我到他們家的第一天，大家坐在客廳寒暄時，我發現「時尚先生」和「時尚夫人」都盛裝打扮過了（以星期六早晨來說算是相當隆重）。我心想，他們大概是為了歡迎我才特別換了衣服，可是不久後便發現我的想法有誤——「時尚家庭」注重儀容是為了自己，而非別人。

「時尚家庭」總是儀表堂堂，頭髮梳理得一絲不苟，服裝整潔美觀，就連他們二十三歲的兒子也從未邋遢過。我與他們同住的六個月內，從沒見過他們穿運動褲或睡衣在家裡亂晃。「時尚夫人」在家也是穿裙子、絲質上衣或毛衣，足蹬高級皮鞋。如果要出門，她會加上一條絲巾點綴，再配上她的招牌鋪棉外套，或是訂製的休閒西裝外套。

「時尚先生」的便裝是長褲、燙過的開襟襯衫和喀什米爾毛衣（上班則千篇一律是西裝），至於兒子的便裝，是牛仔褲、燙過的開襟襯衫和套頭毛衣。另外，他只穿手工精緻的樂福鞋或繫帶皮鞋。可想而知，他的襯衫總是塞進去，褲子也不會鬆垮到露出內褲的地步（許多年輕男人愛穿垮褲，實在是個很糟糕的潮流）。整整六個月內，我從來沒看過他們任何一個人穿T恤，除了男性的內搭汗衫之外，我想他們根本連一件T恤都沒有！

「時尚家庭」確實很會打扮，不過對他們而言，個人儀容不僅僅是穿件好衣服那麼簡單，他們對於髮型、鞋子和禮儀也很講究。總而言之，他們會把自己最好的一面呈現出來。

我相信大家（包括我自己在內）總有些時候懶得梳頭髮，就連換上T恤和牛仔褲都嫌麻煩，更別提準時出門了。「時尚家庭」的生活與我們並沒有什麼不同；先生和他的兒子都有全職工作，而夫人除了有兼差工作，還要料理所有家務。儘管一家子都很忙碌，他們依然相當重視儀容。

無時無刻儀容整潔不見得需要耗費太多功夫，夫人就不會為了化妝和吹整頭髮而花上一個小時，弄到自己來不及出門。Pas du tout（完全不會）！她深知自己該如何打扮，所以一下子就能挑出合適的衣服，不需要浪費時間煩惱該穿什麼。她的髮型也很簡單，很容易做造型，而且她的淡妝兩三下就能完成。

還記得卡萊．葛倫和奧黛麗．赫本當紅的時代嗎？那時候的人，不論白天、晚上、旅遊、睡覺，或甚至只是去街角商店買個東西，都會好好打扮。為什麼現在會變成這樣呢？現在很難在白天看到有人穿得漂漂亮亮的，反而常見男人穿著褲腳殘破的垮褲，女人穿著運動服踩夾腳拖，每天路上都有人蠻不在乎地露出肚腩肉、內衣肩帶和幾乎要曝光的臀部。我知道這樣說聽起來很像九十五歲的老太太，可是我實在忍不住想問：「這個世界怎麼了？」

長久以來，我一直用「反正我住在加州」來當作藉口，放任自己穿著鬆垮的T恤和夾腳拖四處走，當然現在還是偶而會這樣（例如去遊樂園或是早上六點遛狗的時候），不過每天我都會盡可能把自己打扮得漂亮一點。我並不是建議大家穿得像「時尚家庭」一樣嚴謹（我還是很愛穿牛仔褲），不過我們可以效法他們的精神，花點心思打理外表，一方面是尊重自己，另一方面也是尊重我們日常接觸的人。

我喜歡看法國電影，事實上，法國電影是我心中的首選，因為主題多半比較不商業，感覺很清新。下次你看法國電影時，記得仔細觀察女主角，你會發現她們的打扮無時無刻都很得體——漂亮但不誇張。舉個例子，在艾曼紐．莫芮（Emmanuel Mouret）執導的《我們來接吻》（Shall We Kiss）一片中，薇吉妮．莉朵嫣（Virginie Ledoyen）所飾演的女主角與男性朋友陷入婚外情。整部片子中，她的情感一直處於撕裂的狀態，因為她仍愛著義大利老公，不想傷害他。先不論片中的道德問題，我們可以看到莉朵嫣每次出現都是儀容整潔，但又不至於裝飾過度。即便心事重重，她的樣子還是花了心思打扮過的，可見她在任何情況下都重視自己的外表。

那麼，我們要如何時時刻刻維持體面的儀容呢？

動機

不要拿「只是去便利商店」（或之類的地方）這樣的理由，放任自己衣著邋遢，心懷僥倖以為不會遇見熟人（相信我，越不想遇見越會遇見），更糟的是，你可能會碰到前男友或跟你暗自較勁的朋友。想必大家都曾在儀容不佳時出門卻遇到重要的人，當我遇到這種狀況時，根本沒辦法專心跟人家閒聊，只會滿懷懊惱，氣自己看起來像個邋遢鬼。

我住的那條街上有一戶神秘的鄰居，之後會在〈營造神秘氣質〉那一章詳細介紹。因為住在聯排住宅裡，所以每天都得帶狗狗蓋茨比出門「解放」好幾次，或者如我丈夫所說的「出去遛遛」，而「出去遛遛」的時間，可能是剛睡醒或將要入睡的尷尬時刻。我承認偶而會穿著睡衣出門遛狗，不過通常會穿件外套遮住。絕大多數「出去遛遛」的時候，我都盡可能穿得好看一點才出門，可是每當我稍有鬆懈（例如睡褲捲到膝蓋上，沒穿襪子穿運動鞋之類），就像是某種莫非定律一樣，總是毫無例外的會遇見這位神祕鄰居。前幾天，我穿著捲到膝蓋的牛仔褲和園藝鞋（我才剛忙完陽台的園藝工作），頂著沒什麼妝的素顏和雜亂的頭髮，只不過出門十秒丟個垃圾，猜猜看誰剛好出現在街角？就是我的神祕鄰居！我總算瞭解為什麼「時尚夫人」連去街角買棍子麵包也會擦口紅繫絲巾，誰知道你出門會遇見誰呢！

不管會不會遇見認識的人，你都應該為了自己打扮。每當我在路上看到穿著出色、儀容整潔的人，總會立刻受到吸引。光是看到漂亮的人，就能讓我整天的心情為之一亮。我不時在聖塔莫尼卡（這裡簡直是休閒服之都）遇見某個男人，就像法國男人一樣，他穿著整燙過的開襟襯衫、西裝外套、訂製長褲（或牛仔褲）和奶油色樂福鞋，頭髮和鬍子修剪得整齊清爽（或是一點剛冒出來的鬍渣），戴著墨鏡，實在太迷人了！老兄，如果你是想吸引女性注意的單身男人，請務必把儀容打理整潔，穿著得體又彬彬有理，絕對戰無不勝！

我家門前那條路上，有個年輕女孩幾乎每天都會騎腳踏車經過。因為腳踏車上有公司的標誌，所以我知道她在附近蒙大拿大道的房地產公司工作。她的打扮總是無懈可擊，堪稱是商務休閒風的完美範例——訂製的休閒西裝外套配裙子，脖子上用花式打法圍著絲巾，腳上穿芭蕾平底鞋，美麗的金色長髮隨風飄揚；有一次我還看到她穿騎士褲配靴子、休閒西裝外套、絲巾和飛行員太陽眼鏡。她總是那麼亮眼，看著就令人心情愉快，所以說，不為別的，為你自己好好打扮，成為別人眼中美麗的風景吧！

第一印象

第一印象是很難抹滅的。只要隨時維持整潔的儀容，就不必擔心別人對你的第一眼留下不好的印象。漫漫人生中，我們永遠不知道何時會邂逅未來的老公或老婆、同事或新朋友。我相信每個人都想吸引對的人，如果你總是把自己最好的一面呈現出來，就不必擔心錯過對的人；你自然而然會對自己的魅力更有自信，相信自己能在別人心中留下最好的第一印象。

不要縱容自己變成邋遢鬼

丟掉磨損過度、破掉或任何不好看的衣服吧！你沒有理由留著爛衣服，它們毫無用處。就算是一個人住，你也不應該穿得破破爛爛的。只要沒有邋遢的衣服，你就不會變成邋遢鬼！

從不同角度檢查儀容

每天早上出門之前，記得用鏡子從不同角度檢查自己的儀容，因為有時候我們從正面看起來乾淨整潔，從背後看卻是一場糊塗，我就目睹過這種慘劇。某天我和女兒一起去吃午飯，前面有一個女人快步走著，她穿著白色T恤、夾克和栗色棉褲，右手臂掛了一個LV大包。她的褲子實在太緊了，走起路來大腿的脂肪團特別明顯，更糟的是，那件褲子的接縫處有一個不大不小的破洞，剛好就在臀部的正中央！當她轉過身來，我注意到她的頭髮吹整得很漂亮，臉上也有化妝，顯然很注重自己的外表，卻因為衣櫥管理不當而使得背後出了這麼大的紕漏。我不由得想起那個內搭褲後面破洞的女人，接著回想自己是否也曾穿著破褲子出門。話說回來，如果她們出門前有從各種角度照鏡子檢查，就不會落入這種衣著不得體的窘境了。

旅行

過去人們旅遊時仍不忘打扮，我們應該重拾這個優良的風氣！即使盛裝打扮，也可以穿得輕鬆舒適，相信這點大家都知道，我也不必多費唇舌了，不過正如甘地的名言：「為世界做出我們想見的改變。」[8]，請與我一起宣揚這個理念吧（我確信甘地說這句話並不是指坐飛機應該穿得漂亮點，我只是稍微引申一下）！

{註8：原文：Be the change we want to make for the world。}

旅行的時候，可以選擇舒適但不失別緻的衣服；比方說，你可以穿黑色針織褲、蝙蝠袖上衣、芭蕾平底鞋再加上羊絨圍巾，這樣的裝束就像穿運動服配網球鞋一樣舒適，可是看起來時髦多了，或著你也可以穿洋裝或裙子，再帶一條喀什米爾圍巾在飛機上保暖。至於男生，我喜歡看他們穿牛仔褲、開襟襯衫和V領喀什米爾毛衣，再配上一雙麂皮樂福鞋（看得出來我很愛這種打扮吧）。男人旅行時這樣打扮會顯得優雅有地位，或許還能獲得艙位免費升等的機會呢（如果你已經搭頭等艙就算了）！

旅行時穿T恤配牛仔褲也可以很有型。去年我和先生一起從巴貝多飛回美國，在機場報到時，看到一個特別顯眼的女人在頭等艙報到處排隊。她穿著牛仔褲（沒有破洞的那一種，看起來像是訂製的），白色T恤塞進褲子裡，足蹬一雙非常高的Christian Louboutin黑貂磨面牛皮高跟鞋，臉上戴一副飛行員墨鏡，手腕上一只金錶，頭髮梳成一個完美的馬尾。她穿得很休閒舒服（那雙鞋除外），但卻靠著配件和完美的髮型讓牛仔褲和T恤顯得奢華時髦。值得一提的是，因為她把燙得平整的白T恤塞進褲子裡，所以一點也不顯得邋遢，而且即使塞進了上衣，她的牛仔褲還是很合身好看，想必是訂製的。我敢說她一上飛機就會脫掉高跟鞋，換一雙芭蕾平底鞋（不過真相究竟如何，誰也不知道）。

「捨不得穿」的心態

有過這種經驗嗎？買了新衣服卻捨不得穿，只想留到更適當的場合再穿？如果你也有這種毛病，別再錯過時機了，就算去看牙醫也可以穿新衣服（反正他們會幫你圍一個圍兜），說不定你會在候診間遇到老朋友呢！

睡衣

晚上在家時，也別把儀容標準降低太多。不論你是新婚不久或是結婚二十五年，是與室友同住，或是獨居只有一隻貓看得到，就算穿著睡衣待在私人起居室，還是應該維持整潔的外表。

晨袍真是個好東西，可惜現在不流行了。我超愛阿嘉莎・克莉絲蒂（Agatha Christie）筆下的白羅探長系列，尤其是大衛・蘇歇（David

Suchet）飾演的白羅探長。我特別喜歡午夜發生謀殺案，嫌疑犯穿著睡袍到會客室應訊的橋段，因為可以看到各式各樣漂亮的晨袍——女生是絲質的和服式長袍，男生則是硬挺的絎縫翻領睡袍。我收集了很多套晨袍，晚上在家裡走來走去一定會披上晨袍好遮住睡衣，即使先生不在家或孩子都就寢了亦然。

不過，別以為罩上晨袍，裡面的睡衣就可以邋遢一點。男生的話，我喜歡開襟有鈕扣的經典款式，至於女生，那花樣可多了！有肩帶的漂亮連身襯裙、寬大的長睡袍、有蕾絲邊的無袖寬鬆內衣和睡褲等等，再不然還可以和瑪麗蓮．夢露一樣裸睡，不過記得一定要在床邊擺一件晨袍，免得半夜發生地震或火災，只能光溜溜抱著枕頭衝到馬路上。

「時尚夫人」喜歡穿顏色柔和的曳地晨袍。她的晨袍總是包的緊緊的，所以我從來沒看過她的睡衣模樣。當然我也沒看過「時尚先生」和他兒子的睡衣，因為他們一出臥室就著好裝，一副隨時可以出門的樣子。你可以選擇自己喜歡的睡衣和晨袍。我對於睡衣這件事還有很多話要說，其中包括夫人對我的睡衣的看法，不過我決定留待〈永遠用上你最好的東西〉這個章節再聊。

頭髮和梳妝

頭髮有型，人自然看起來得體。我所謂的有型，並不是指把頭髮拉直或燙捲做造型，而是指設計一個容易打理的髮型。「波希米亞夫人」總是披散著一頭狂野的捲髮，不過她會定期去修剪，這是她的招牌髮型（她的招牌還包括波希米亞長裙），看起來很自然隨興，而且一下子就能輕鬆打理完成。「時尚夫人」的招牌巴黎式鮑伯短髮也同樣好整理，每天都是一個樣，簡單又不費力，不必經常上捲、接髮、噴膠或刮蓬。當然，為了特殊場合做頭髮別有一番樂趣，不過這種事天天做只會把自己累個半死。

花點心思找個好的髮型設計師，請他／她針對你的髮質剪個日常好整理的髮型吧。如果你的髮質跟我一樣乾，其實不必天天洗頭，隔天洗或三天洗一次就可以了（是不是輕鬆多了）。

總之，儀容時時刻刻得體代表著一種尊重——尊重自己、尊重你愛的人，以及尊重你每天碰到的人。

關於巴黎洗窗工人

時時刻刻保持儀容得體並不容易，尤其是在你光溜溜毫無防備之下；這是我在巴黎某天早上獲得的深刻體認，且聽我細說從頭……

我到巴黎不久之後，便習慣與「時尚家庭」的三名成員共用一間浴室。我到他們家的第一天，「時尚夫人」便問我習慣早上或晚上洗澡，我雖然回答早上，但暗自希望偶而可以在睡前泡個熱水澡，不過畢竟才剛認識，便想說等混熟一點再問問看（後來發現「時尚家庭」非常有環保意識，不喜歡浪費水，所以每天都很嚴格的只洗一次澡）。

日子一天天過去，我很快適應了在他們家洗澡。由於浴室沒什麼置物空間，所以我把盥洗用品裝在一個小小的籃子裡，平時放在臥室，每天早上七點鐘再帶著它去浴室沐浴。他們家的浴室和廚房一樣極簡，永遠乾乾淨淨，除了瓷磚地板、一個小小的鏡子和不附櫥櫃的獨立式洗臉槽之外，別無他物。浴室裡並沒有淋浴間（我剛開始覺得很怪），但是有一個寬敞的浴缸和手持式蓮蓬頭。

浴缸正對著一大片窗戶，窗外只有一片牆，所以窗戶上沒有加裝百葉窗或窗簾等任何遮蔽物。我在那邊住了三個月左右，有一天早上正在浴缸裡洗澡，抬起頭來時猛然發現，窗外有個男人！

那是個洗窗工人，他正站在洗窗專用的吊籃裡（我一直不知道那種吊籃的正確名稱），一層層清洗著整棟大樓的窗戶。Mon Dieu（我的上帝）！我放聲尖叫，急忙找一塊布還是浴巾什麼的遮住自己，然後趕緊坐直身子（我原本正彎腰洗腳，姿勢很醜）。洗窗工人看到我只是笑了一笑，揮揮手，然後便繼續他的工作。他並沒有盯著我看，這種無視的態度害我不知道該鬆一口氣好，還是該感覺受到侮辱。

我洗完澡立刻去找夫人告狀，原以為她會跟我一樣生氣震驚，沒想到她只是好笑地看著我說：「喔對，他看過我們每個人洗澡。他一個月只來一次。」

大概是察覺到我對她無所謂的態度大惑不解，夫人便問我需不需要在浴室加裝一塊窗簾。我想了一下，還是拒絕了。被陌生人看到確實很不自在，不過也許是我這個美國人太大驚小怪，沒必要那麼激動。入鄉隨俗，我決定婉拒夫人的好意。

不過，隔天早上我發現他們還是為我在浴室多掛了一塊窗簾，我猜等我一離開巴黎，他們就會把那塊臨時湊合的窗簾拿下來。

Review

8 重點複習

1） 天天保持得體的儀容，不僅是尊重自己，同時也是尊重你身邊的人。

2） 切記，第一印象非常重要。

3） 別放任自己變成邋遢鬼。不好的衣服就丟掉或捐出去吧。

4） 出門前，記得用鏡子從各種角度檢查自己的儀容。

5） 旅遊時穿得漂亮一點，不僅能增添情趣，更有可能獲得升等。

6） 好衣服別留著捨不得穿。今天就穿出門吧！別再等了。

7） 選擇一個好整理且適合自己的髮型。

8） 每天都應該好好梳妝打扮。

9） 在巴黎洗澡時，除非想讓巴黎洗窗工人欣賞你的裸體，否則記得把百葉窗拉上！

Lesson 9

實踐女性魅力的藝術

PRATICE THE ART OF FEMINITY

去巴黎之前，我對於女人味有一點恐懼。我並非男人婆，我喜歡女性化的東西，可是卻不知道尺度該如何拿捏。我的儀態不佳，頭髮沒有型（長髮沒有層次），老穿著寬鬆的衣服遮住身材，談不上有什麼品味。

巴黎改變了這樣的我；應該說，「時尚夫人」啟發了我。我以為「女人味」就是穿上有荷葉邊的洋裝和高跟鞋，可是夫人推翻了我的認知；她雖然天天穿裙子、擦口紅、繫絲巾，可是她的女人味顯然不只這麼膚淺；她的舉止優雅，對自己充滿自信，這才是我最佩服她的地方。

我慢慢開始觀察起更多法國女人，不論是新聞播報員、店員、服務生、專業人士和年輕媽媽，即便打扮各有不同，她們的外表都在某些方面展現出女人味。

我領略到，凡是能讓一個女人感覺更漂亮自信的東西，都有助於增添女人味。我頓時豁然開朗，開始思考利用服裝和適當的化妝讓自己更美麗。我想知道還有哪些事情能促進我的女性魅力。如果徹底釋放我的女性內在，我會變得怎麼樣呢？

不同文化下對女性的審美觀各有不同，我僅就我在法國的觀察而言。法國人比較崇尚自然美，他們覺得美國流行的隆胸、假指甲和接髮根本**pas nécessaire**（沒有必要）！女人只要靠天賦的本錢，再加上恰到好處的修飾就很漂亮。

儀態

法國女人大多姿態優雅。法國女人之中，也不乏戴著貝雷帽懶洋洋地抽菸的波希米亞式女人（我說的可不是「波希米亞夫人」），不過她們不在我的討論之列。我指的是那些舉止不失儀態的一般法國女人，她們將一個女人的姿態視為女人味的關鍵要素。

良好的儀態好處多多，男女皆然。從儀態可以看出一個人有沒有自信、自制力和吸引力。所謂的儀態，並不等於正經八百、直挺挺的站著或坐著，儀態應該是一種舉手投足之間流露出的自信。把肩膀往後放下、挺胸（不必太誇張，只要別駝背就好）再加上輕鬆的態度，就是最好的儀態。

有沒有發現，如果你看到姿勢端正的人，你也會不自覺地跟著端正起來？自從住在巴黎之後，我總會不時檢查自己的姿勢，每當看到儀態優雅的人，就會跟著調整姿態。良好的儀態是具有傳染力的。

儀態還會受到場所影響。假如你坐在一個富麗堂皇的房間裡，應該就很難駝背吧！「時尚家庭」的公寓裝潢極其正式。置身於東方地毯、古董家具和珍貴畫作之間，我實在沒辦法一派輕鬆地坐沒坐相。漂亮的場所就是會讓你的舉止更有氣質。

建議你把家裡好好裝飾一番，幫助自己無時無刻培養良好的儀態。居家環境越漂亮，越容易製造讓人想好好打扮，舉止得宜的氣氛。如果處在髒亂的環境裡，你也會跟著隨便起來；我們的行動是會配合場所而改變的。你可以注意一下自己在不同場所裡的行為有何不同，比方說，當你在巴黎麗茲飯店的大廳裡，應該會忍不住坐直身子吧？相反地，當你進入凌亂的房子裡，難免會不自覺地聳肩防衛。

只要開始培養良好的儀態，不論在什麼樣的環境下都能保持優雅的舉止。儀態的力量不容小覷。當你落入糟糕或可怕的情況下時，試著修正你的姿勢，加強你的女性魅力，或許就能扭轉乾坤。

香水

我十八歲的時候第一次去法國，由於父親在那個夏天到坎城出差，於是我跟著雙親一起在坎城住了六個禮拜。那是我第一次去歐洲，感覺就像進入童話故事的世界。法國南部美不勝收，蔚藍海岸如藍寶閃耀，奪人心神。有一天爸媽帶我去法國東南部的格拉斯（Grasse）遊玩，那是全世界的香水製造重鎮。我們去參觀了一間工廠，見識到製香工藝，並學會辨別某些香水調性的細微差別。

去格拉斯之前，我對香水的認識寥寥無幾，只會偶而偷擦姐姐愛用的蘭蔻的璀璨香水，自己倒沒什麼特殊愛好。去過格拉斯之後，我才開始對香水的芳香效果感到興趣。

我當時下定決心要存錢買自己喜歡的香水，最好是切合我的個性又能讓我更有女人味的香味，可是沒多久我就將這件事置諸腦後，只滿足於水果味的身體噴霧或其他普通的香氛，直到幾年後寄宿在「時尚家庭」，我還是不懂得擦真正的香水，也沒找到最能代表自己的專屬香味。

我在巴黎時，習慣了歐洲人親臉頰打招呼的習俗，透過這些親密的接觸，我越來越在意法國朋友們身上獨特的香水或古龍水味道；柑苔類（chypre）、東方情調類（oriental）、花香類（floral）等等，他們每個人身上都有自己獨特的代表性香味！

漫步在巴黎街頭，香水廣告處處可見，高檔商店紛紛設計了充滿藝術感的櫥窗，在顯眼的位置展示出各色香水與古龍水。法國人似乎對香味無法自拔。

想知道「時尚夫人」擦什麼香水嗎？抱歉得讓你失望了，我從來沒有靠她靠得很近，所以連她有沒有擦香水都不確定。我們的相處態度頗為有禮，除了第一次見面以及最後一次道別之外，極少有肢體接觸。感覺上她應該會擦法國的經典香水，例如嬌蘭（Guelain）的一千零一夜（Shalimar）女香，不過這只是我的猜想罷了。

從巴黎搬回加州之後，我又動了念頭想找專屬的代表香味。我尋尋覓覓好幾個月，到處去試聞，總算發現史黛拉．麥卡尼（Stella McCartney）的同名女香史黛拉（Stella），它帶有新鮮玫瑰的美好香味。在尋覓過程中，我發現我最喜歡的香水調性是玫瑰。其實我最喜歡的花原本就是玫瑰（還有蘭花），所以會選上這款香水沒也什麼好意外的，我用了好幾年，然後才換成寶格麗（Bulgari）的輕甜玫瑰（Rose Essentielle）（偶爾也會擦喬馬龍〔Jo Malone〕的葡萄柚香水和紅玫瑰香水）。在你閱讀這本書的當下，我或許又移情別戀愛上了別的香水。尋覓美好的香味，是我永遠的樂趣。

如果你還沒有自己的代表香味，快點開始找吧！先從你喜歡的調性開始，去有規模的香水專櫃找個知識豐富的店員，告訴對方你喜歡那幾種香味。店員應該會給你一些建議，甚至送試用品讓你帶回家。別心急，慢慢挑……好好享受尋覓的樂趣，總有一天你會邂逅命中注定的香水，把它當成你的香味名片。

記得每隔幾年重新評估，你用的香水是否還能代表現在的你。經過歲月的洗禮，我們的品味會變得更加細緻。我擦了Stella多年之後有點膩了，但仍繼續擦，直到發現親戚間也有人擦一樣的，才決定改用別的香水（我認為一個家族裡，不能有兩人擦一樣的代表香水）。我很慶幸那個親戚也擦Stella，這給了我尋找新香水的契機。Stella的味道還是很棒，可是已經不能代表當時的我了，所以我換用寶格麗的玫瑰花香女性淡香精。

打招呼或道別時，靠近聞到對方身上的香水味道，是一種美好的感官體驗。一個人選擇哪一種香水，潛藏了許多資訊。你身上的專屬香水味，只有與你夠親密的人才聞得到；這種神祕感更能表現出你的女人味。

指甲

有一次在美國的孕婦用品專賣店買東西，我注意到收銀員的指甲非常誇張（誇張到難以忽視的地步）——長長的水晶指甲上還黏了大大的立體動漫角色！她的指甲華麗閃耀，非常引人注目，顯然她很愛她的指甲。她幫我結帳時，手指大動作輕快地敲著收銀機。她的指甲雖然不符合我的喜好，不過看得出來她因此獲得莫大的快樂，並且饒富創意地透過每一片指甲表達出了她的女人味。

我在法國時似乎沒看過水晶指甲。那個做有立體動漫角色指甲的女店員要是出現在法國，應該會被當成異類吧。大部分的法國女人（包括「時尚夫人」和「波希米亞夫人」）的指甲都修得短短的，只擦上透明、中性色調或紅色調的指甲油。

我大約每兩個禮拜做一次手部和足部指甲。與其他國家相比，在美國做指甲不算太貴（英國好一點的美甲店收費令人心痛）。如果你住的地方也有划算的美甲店，不妨定期去做指甲享受一下。如果沒有做指甲的預算，也可以在家固定找個時間好好做個指甲。在家做指甲並不難，而且可以是個很放鬆的體驗。

我的指甲通常走自然路線——修短並擦上透明、中性色調或紅色的指甲油，你可以研究一下自己適合什麼樣的指甲。朋友丹雅最近向我炫耀她手上的彩繪指甲，美甲師馬德琳·普爾（Madeline Poole）在小小的指甲上畫了普普藝術家羅伊・李奇登斯坦（Roy Lichtenstein）的不同代表畫作，堪稱是指尖上的迷你藝術！不論你想把指甲當作迷你畫布，或只喜歡修剪得乾乾淨淨，總之記得定期保養你的雙手，千萬別錯過寵愛自己的樂趣。

頭髮

法國女人整理頭髮很簡單，頂多好好吹乾就算完成了。她們的髮型活潑自然，彷彿隨時可以跳進游泳池，或是讓男人的手指穿梭其中（如果你喜歡的話）。她們的頭髮看起來又鬆又軟，絕不會給人「只可遠觀不可褻玩」的感覺。

我在法國最常見到的髮型，是長及下巴的經典巴黎式鮑伯頭。不只「時尚夫人」，很多女人都留這個髮型。巴黎式鮑伯頭簡短俐落，驟然看沒什麼女人味，但其實非常女性化。雖然是短髮，但卻會搖曳生姿，一點都不僵硬，而且整理起來並不麻煩，你可以花更多時間做別的事。對我來說，一天之中能夠省下任何時間都很值得高興（快樂的女人更有女人味）。

我在南加大有一門法文課，老師是法國來的女教授，留了典型的巴黎式鮑伯頭。這位教授很有女人味，氣質神秘，而且非常法國。她穿的衣服總是很簡單——彩色的針織衫或毛衣配上素色的裙子和低跟鞋（徹底體現法式極簡主義），畫著「完美裸妝」，只戴少少的首飾。總之，從她短短的金色鮑伯頭可以看出，她不需要花太多時間整理頭髮，就能呈現出她的自然美。

不過說實在的，不是每個人都適合巴黎式鮑伯頭。我回到加州之後，某次理髮時，出於盲目的自信嘗試剪了個鮑伯頭。我的頭髮又厚又捲，當我向髮型師表示要剪鮑伯頭時，他試著勸我打消主意，可是我心意已決，什麼都聽不進去，只想要好整理又時髦的巴黎式鮑伯頭，可以從此不用花那麼多時間弄頭髮，說不定還能成為我的招牌造型！事與願違，我的捲髮實在太不聽話了，剪好後的髮型簡直像個奇怪的蘑菇，只能用「災難」兩字形容。雖然我失敗了，不過如果你的髮質適合的話，不妨試試看經典的巴黎式鮑伯頭。至今我仍然慶幸我試過了，起碼可以早一點幻滅，我只能祝各位好運，成功剪個漂亮的鮑伯頭！

我在法國看到第二受歡迎的髮型，是柔和的及肩長髮（直的或捲髮都有）。法國女人鮮少留很長的頭髮，大概是因為不想花那麼多時間整理吧。倒是我在聖塔莫尼卡的好友貝克絲和阿米莉亞留了又長又漂亮的捲髮，保養得非常好，教人移不開目光。如果我的頭髮可以那麼漂亮，我也願意留長燙捲！

法式髮型的簡單讓我耳目一新。我在美國習慣看到接髮、奇怪的髮型和多餘的頭巾，可是簡單自然的髮型反而有女人味多了。「波希米亞夫人」的捲髮只達肩膀，狂野又不麻煩，很適合她的個性——滿滿的女人味多數出自不造作的自然美。

我現在覺得實驗各種髮型很有趣。我的頭髮雖捲，但是還蠻好吹整的。我有時候保留自然的捲度，有時候花點工夫吹直，最多可以維持三天。如果不想披頭散髮，我會綁些簡單的髮型，像是俐落的馬尾、高高的丸子頭（很趕得上流行吧）或是夾個公主頭。需要出席特殊場合時，我會用大支電棒燙出誇張的捲度，或是昔日好萊塢巨星維若妮卡·蕾克（Veronica Lake）的招牌波浪捲。

不論是簡單好整理的巴黎式鮑伯頭，或是麻煩一點的漂亮髮型，選擇髮型的重點在於這個髮型能不能讓你感覺快樂，還有你自己會不會整理，因為每天花大把時間整理頭髮實在太傻了。為自己找個容易整理的招牌髮型，每天就有更多時間享受其他美好的事物。讓髮型成為你最佳的女性配件吧！

適可而止的女人味

法國的新聞播報員總是讓我印象深刻。有機會的話，請務必看看法國的電視節目（例如TV5MONDE頻道），你就會懂我的意思了。她們的女人味是由內而外散發出來的！她們並不會大露乳溝或大腿（嗯哼，洛杉磯某些新聞播報員就會這樣），而是畫上淡淡的完美裸妝，留著柔軟飄逸的頭髮，再配上細緻有品味的飾品，以及簡單而女性化的服裝；比方說，她們會穿紫丁香的喀什米爾毛衣，配戴簡單的金色項鍊，擦上紫紅色的唇膏，梳一個飄逸的髮型。她們知道新聞的主角不是播報員，而是新聞本身。樸素簡單的打扮才能適度表達出權威感，不是嗎？

相信大家都看過《Real Housewives》（美國影集，直譯為「貴婦真實生活」）吧？裡頭那些貴婦誇張的髮型、巨大的首飾、繁複的服裝，還有超級專業的妝容，我想已經太超過了。數不盡的名牌、標籤和整形手術，過度的打扮掩蓋了她們原有的女人味。我並非唯一有此感覺的人。美國女星珍妮佛・安妮斯頓（Jennifer Aniston）不久前放棄了招牌長捲髮，修成像法國女人般的及肩長度，因為她的造型師說：「免得看起來像《Real Housewives》一樣。」

我認為過度裝飾或過度打扮會喧賓奪主，所以比較欣賞極簡風格。我寧願看到一個女人真正的樣子，而不是她誇張的衣服頭髮、霓虹色眼影和戲劇性的珠寶首飾。人穿衣服，不是衣服穿人。習慣了誇張打扮的人，突然要她收斂一點，她可能會覺得很不自在，就像被打回原形一樣。妝化淡一點，髮型簡單一些，首飾貴精不貴多，才能展現出女人本身的美麗，讓內在無形的女人味得以煥發出來（這是我接下來要談的重點）。

無形的女人味

剛剛談了外表上有形的女人味，但我相信內在無形的女人味——自信、幽默感、勇於冒險的心——最重要，這些才是許多女人夢寐以求的je ne sais quoi（一種難以名狀的迷人特質）。即使去最好的美容沙龍，穿上最貴的衣服，指甲做得再漂亮，要是沒有足以匹敵的自信，這些外在美仍舊毫無價值。

我的生活一直存在著過剩的自我意識，巴黎教會我放下。我在巴黎才發現自己老是把頭髮綁起來；我的冬季大衣又大又笨，沒有腰身，不能修飾身型；我不敢與有趣的陌生人眼神接觸，因為害怕不知道會發生什麼事；我不習慣在陽光底下和別人近距離交談，因為擔心我那糟糕的膚質會很明顯。我發現我老是在意這些事情，讓我不敢踏出步伐成為更好的女人。

但我決心改變。一個寒風料峭的日子裡，在從巴黎十一區搭地鐵去學校的路上，我放下了長長的捲髮，微微張開雙唇（因為我擦了從春天百貨新買的唇蜜）。我刻意努力不再隱藏真正的自己，感覺步伐也變得更輕快，因為每走一步就放下一層過剩的自我意識。我在路上遇見一個穿著出色的帥氣陌生人，在我前方的街角等著過馬路，我們的目光相遇，我邊往前走邊對著他微笑，直到停在他面前一步遠的地方，我們仍看著彼此——

那是個熱切到可以讓人忘記週遭的凝視。他親切地報以微笑，以恭維的語氣對我說：「superbe（漂亮）。」我微笑著但沒回話，默默地繼續走著，但是心裡很開心自己總算釋放了內在的魅力，因為那個帥氣陌生人的反應就是最好的讚美，讓我真的覺得自己很漂亮。

Review 9 重點複習

1） 練習優雅的儀態，隨時注意自己的姿勢，直到習慣成自然為止。

2） 探索香水的世界；你可以為自己選擇一款代表香水，或是收集多款小香水。一起來體驗香水為生活帶來的無窮樂趣吧！

3） 保持美麗的指甲——單純的修剪或做彩繪指甲都很有趣。

4） 健康的頭髮和有魅力的髮型，可以讓女人味更上一層樓。

5） 內在無形的女人味才是最重要的。千萬別忽略自信、幽默感和冒險心這些特質。

PART

3

美好生活

HOW TO

LIVE

WELL

Lesson 10

只用好東西

ALWAYS USE THE BEST THINGS YOU HAVE

還記得前面說過，我第一天到「時尚夫人」家想偷溜到廚房找宵夜吃卻被抓包的糗事嗎？當時夫人看到我的睡衣，露出了奇怪的表情，不過直到一個禮拜過後她才問起這件事。

被她嫌棄的睡衣是一套舊的白色運動褲和T恤，那是我睡覺時最喜歡的穿著。洗過很多次的運動褲很軟很舒服，穿舊的大學T恤則讓我感覺像在家一樣安心。一個禮拜過去了，我又穿著睡衣去salle de bain（浴室），卻半途被一臉擔憂的夫人攔住。

「珍妮佛。」她指著我運動褲膝蓋上的破洞開口問道：「那是我洗壞的嗎？」（噢，對了，我忘了提褲子上有個洞）。

「啊？當然不是……」我連忙否認好讓她安心：「那個破很久了！」

夫人臉上的擔憂轉為困惑：「既然破了，妳怎麼不丟掉？」

望著她和服樣式的別緻睡袍，微微往後梳攏的整齊頭髮，我尷尬地回答：「這是個好問題……我也不知道為什麼。」

說實在，我真的不知道為什麼會把這條爛褲子從加州一路帶到巴黎（時尚之都巴黎耶）。雖然穿著睡覺很舒服，可是也沒舒服到那種地步。我突然自慚形穢起來，同時有所頓悟。

我換上新的眼光，發覺我的舊運動褲不再那麼舒適，事實上，它看起來很悲哀。我再度看向夫人美麗的睡袍和拖鞋，猜想她絕對不會留著殘破的衣物，更別說帶去旅行或在別人家裡穿。或許，我該對自己的穿著更講究一點。

當天下午我就衝到艾格（Etam）服飾店買了兩套合適的睡衣（成套的奶油色鈕扣睡衣，還有漂亮的橘色蕾絲寬鬆內衣），並且把那條破洞的白色運動褲丟到垃圾筒裡。

那天晚上我穿著新買的奶油色鈕扣睡衣上床睡覺。這套睡衣雖然不貴，卻是我擁有過最好的睡衣。我以前覺得睡衣就是要丟掉的衣服，所以老是穿著舊運動褲和寬鬆的校服T恤，從沒穿過真正的睡衣。能夠穿著專為睡覺設計的可愛睡衣，讓我感覺好極了。

最棒的是，這套新睡衣穿起來就和舊運動褲一樣舒適。每晚穿著自己最棒的睡衣睡覺，真是奢侈啊！有史以來，我第一次覺得，即使不是白天或特殊場合，自己時時刻刻都值得穿上女性化的漂亮衣物。

「時尚家庭」從起床到入睡，儀容永遠得體合宜（就連睡衣都很講究）。可是，底下的內衣又如何呢？基於禮貌，我不能描述他們的貼身衣物，不過可以分享一個我自己的故事。

我到巴黎幾天之後的某個早晨，上學前夫人問我有沒有衣服要洗，等我回家時，衣服已經洗好摺得整整齊齊放在床上了，可是內衣卻不在裡面。我打開衣櫃翻找，奇怪，也沒有，於是我寫了張紙條，打算在下次見到夫人時遞給她詢問它們的下落。那天晚上正好是我到了他們家之後的第一次家庭晚宴，我聽到敲門的聲音，於是趕緊準備，總算來得及迎接當晚的賓客（是一對時髦的年長夫妻），由主人互相引見。正當我們往客廳去品嘗餐前酒時，我的眼角餘光似乎瞄到那失蹤的內褲。我抬頭一看，驚見它們就掛在走廊上從天花板垂落的曬衣架上，大剌剌正對著我們！我當時不知道夫人因為法式內衣的質料較為高級細緻，怕被烘衣機絞壞，所以習慣掛起來晾乾。

不幸的是，我的內褲非常見不得人，顏色鮮艷不說，上面還寫著「公主病！」「門兒都沒有！」這類幼稚的標語。我當下痛恨自己擁有那麼丟臉的東西，暗自發誓以後要買高雅一點的款式。不幸之中的大幸是「時尚家庭」的天花板很高，而且通往廚房的走廊還算昏暗，我想客人應該沒看到那品味低俗的貼身衣物……

「時尚家庭」只用好東西的哲學，不光應用在優質的衣物上，還實踐在生活各個層面。且聽我略表一二。

餐具

相信很多人在結婚或週年紀念日時，收過不少別人送的水晶杯或瓷器，不過大部分的人都把這些高級餐具放在櫥櫃裡積灰塵，一年頂多拿出來用個兩次（復活節和聖誕節吧）。至於一年之中的其他三百六十三天，只用廉價的餐盤和不成套的玻璃杯盛裝餐點。話說到這裡，不會只有我覺得這樣很可悲吧？

「時尚家庭」的每一頓飯都用上最好的餐具。每晚我都能在餐桌上看到各式精美的瓷器和水晶杯。他們並沒有準備特殊場合專用的酒杯，而是只用那一套水晶杯，因為他們認為自己就是家裡的貴客，值得用最好的餐具。而有了美麗餐具的加持，日常三餐也瞬間變得特別奢華。

特殊場合

有些人覺得如果每天都用最好的餐具，等到特殊場合來臨時就顯不出特別之處，其實餐桌上還是有很多顯眼的地方，可以在特別的日子裡換個花樣，比方說，你可以鋪上祖母留下來的細緻桌布，擺上日常不用的湯蓋碗，或是花點心思插一盆漂亮的花。

家具

很多人家都有個大門深鎖的古董房間，裡面擺滿家裡最珍貴的家具，就怕弄壞弄髒，家人等閒不能進去，結果那些好東西就這樣塵封不動，從來沒人用過！

「時尚家庭」在巴黎的公寓只用家裡最好的家具，他們並沒有把古董椅收起來，另外擺一套家庭沙發讓小狗和小孩蹂躪。在他們家，人人都能坐在古董軟墊椅上，欣賞掛在牆上的傑出畫作，腳踩最好的波斯地毯，用最好的水晶杯品嘗餐前開胃酒，日日如是。他們用最好的家具營造出日常生活的豪華感，潛移默化之下，就連我這個客人的舉止、穿著和談吐也有所改變。

只留最好的東西

我那件破了洞的運動褲就是個好例子，「時尚夫人」絕對不會穿它，她會在發現破損的當下立刻丟掉（不過我得澄清一下，她根本就不會買運動褲）。

用篩選衣物一樣的挑剔眼光來審視你的居家環境吧。想像自己是雜誌編輯，不要妥協於次級品。「好東西省著以後用」是人們常犯的毛病，別再重蹈覆轍了，因為「以後」幾乎永遠不會來！

挑選精品，量力而出

讀完這一章，你可能會有股衝動想把東西通通丟掉，再瘋狂購物一番，但這不是我想傳達的理念。如果你真的跑去購物，切記量力而出，當個聰明的消費者，只挑經濟能力範圍內最好的東西，因為品質越高，往往越值得投資。所謂的精品，可以是祖母傳承下來翻新過椅墊的好沙發，或是二手買來的一整套餐碟。我可不是要慫恿大家去買愛馬仕（Hermès）名牌餐盤天天用（雖然那樣很享受）。如果你負擔得起，那當然是件好事，可是買不起也沒什麼關係。精品不見得都很貴，只要花點時間研究，鍛鍊一下自己的眼光，就有可能挖到寶。等你習慣使用精品，自然就會培養出鑑賞能力。

禮儀

「時尚家庭」以無懈可擊的禮儀過著每一天的生活。他們不光「只用好東西」，同時也「只用最好的態度」待人接物，這點從他們的待客之道乃至於家人之間的相處就能窺見。

在公眾場合或是有客人來訪時，我們大多會拿出自己最好的一面，反而是與親近的家人在一起才會忘記禮貌。舉個例子，當你想跟另一半說話，而他人卻在家裡的另一個角落，你可能會懶得走過去，而是深吸一口氣大聲把他喊過來。我承認自己也常常想這麼做，畢竟我家有好幾層樓，如果我在一樓，想找頂樓的家人講話可是件很累的事。我每次放聲大喊後，都會立刻後悔自己像個潑婦一樣。我發現，多走點路爬個四層樓去找對方說話還比較快樂。

遇到沒禮貌的陌生人（甚或熟人），又該怎麼辦呢？我常常在遛狗時碰見一個沒禮貌的鄰居，她每次都會說一些難聽的話（我覺得她也不是故意的），害我下意識想回敬更難聽的話；比方說，她罵我的狗對她吠，我就會想回說：「我的狗只對壞人吠。」一想歸想，事實上我還是努力用最好的禮貌告退，轉往別的方向遛狗。當下次無可避免又遇上她時，我就很慶幸自己有保持風度，沒有衝動地回嘴。長遠來看，保持最佳禮貌永遠最能讓自己快樂。

人前人後，始終如一

鄧永鏘爵士（Sir David Tang）在《金融時報》（Financial Times）週末生活時尚版執筆「知心叔叔」（Agony Uncle）專欄，舉凡「理財、室內裝潢、待人處事、家庭、派對或任何讓人煩心的事情」，鄧先生都會提供貼心的建議。某個禮拜有一位先生去信抱怨女朋友不在乎週六早餐的餐桌擺設——她認為如果沒有客人，何必那麼麻煩把自己搞得像個「小中產階級」。鄧先生的回答剛好切合了「只用好東西」這套哲學。他建議對方練習時時維持自己最佳的一面，即使獨處也不鬆懈，這樣才不會給人虛偽的印象，彷彿要跟有錢的鄰居較勁似的。

培養好品味

每天都拿出自己最好的東西和最佳的態度，以最高的標準來看待自己的用品和舉止，你會發現生活變得更豐富有趣，不再日復一日枯燥乏味。

Review 10
重點複習

1） 好東西別束之高閣，大方拿出來天天用吧。

2） 用最好的餐盤、玻璃杯、餐巾和桌布來提升用餐氣氛。

3） 特別的日子想要隆重一點，可以擺上特別的花束或煮一道精緻的佳餚。

4） 家裡最好的房間別閒置到特殊場合或有客人來才使用。你值得天天享受家裡最好的角落！

5） 把家裡亂七八糟用不著的東西丟掉，只留下最好的東西。

6） 購物時，請挑自己經濟能力範圍內最好的東西。謹記量力而出，免得透支。

7） 保持日常禮儀；尤其是與親人相處的時候，更不該忘記禮貌。

8） 天天實踐美好生活之道，即使獨處也不隨便，這樣才能培養出優質生活品味。

Lesson 11

得體的生活

LIVE LIFE AS A FORMAL AFFAIR

截然不同於南加州的生活，我在巴黎與「時尚家庭」的生活過得相當中規中矩。一開始，我對他們家那麼正經八百很不能接受，覺得好像在演什麼古裝劇，從公寓裝潢、衣服、禮儀、餐點甚至於音樂，他們的一切都是那麼正式。初時我只覺得自己格格不入，沒想到最後卻被他們同化了。

我們的社會已經變得太過隨便，中規中矩這種美德幾近絕跡。巴黎人的生活普遍比我熟悉的加州生活傳統許多，而「時尚家庭」又因為貴族血統而更顯得特別——他們的傳統是與生俱來的。

隨便與正式

沒有秩序的生活會使人打破規矩、漠視傳統且缺乏禮貌，一切都變得不可靠；三餐不定時，電視整天開著，客人得招呼自己（「你知道飲料放哪裡吧？自己來！」）過度的隨興也意味著混亂，你永遠不知道接下來該幹嘛。

「正經生活」是指重視傳統，維持規律的作息，認真看待家裡的事情。唯有把日常例行公事變成固定的傳統，你才會更重視準時用餐、表現禮貌、款待客人的意義；你會發現一家人一起吃晚餐很重要，因為這是製造更多溫馨回憶的難得機會。

「時尚家庭」每天的作息都很固定，我永遠知道接下來要幹嘛，這其實並不如想像中不方便，一旦熟悉他們的作息，就知道該如何融入他們的生活了。

比方說，每天的用餐時間都是固定的，這種穩定感讓人覺得心安。吃飯時不會有人起來走動、玩手機或看電視，大家都知道這四十五分鐘該專心享用美食和聊天，把握珍貴的交流時光。

正式的室內裝潢

「時尚家庭」在巴黎十六區的公寓裝潢處處透露出正式感。一進大門，牆壁上掛著好幾幅令人望而生畏的人物畫像（很可能是「時尚家庭」的祖先）。這些裝禎在鍍金畫框裡的畫像就算放在羅浮宮也不奇怪，它們讓你一進門就感受到這並非普通平凡的家庭。

「時尚家庭」的客廳比較像接待室而非起居室：軟墊扶手椅向內擺放，角度正適合交談，小小的電視擱在一個不起眼的角落，古董唱機經常放著他們喜愛的古典樂，是晚餐飯後最佳的餘興節目。

晚餐前，餐廳裡的餐桌會鋪上桌布，擺上「柳景盤」[9]圖案的瓷器和水晶玻璃杯。餐桌上幾乎天天都有「時尚夫人」巧手插好的一束鮮花，大器地倒入水晶杯裡的葡萄酒，新鮮現磨的咖啡則用精美的藍白茶杯品嘗。

〔註9：典故來自童書《Blue Willow》故事裡，小女孩擁有的藍色中國山水畫瓷盤，該書中譯本書名為《柳景盤》。〕

「時尚家庭」的屋子裝飾得非常漂亮，但是沒有任何閃閃發亮或簇新的東西，每件物品都有被使用過的歷史感，讓人覺得很舒服。高級的生活用品再加上整潔的空間（關於整潔這一點，我下一章再仔細聊），提升了家居的正式感，不過，雖然滿屋子是古董家具，卻不會給人博物館般難以親近的印象。

衣櫥

「時尚家庭」的衣著總是很得體，不會只在外頭光鮮亮麗，卻一回家就換上運動褲或睡衣。他們永遠穿著正式的衣物，但又顯得舒適自在。

很多人都有兩種衣著，一種是漂亮的外出服，另一種是邋遢的居家服。我們習慣一下班回到家就換上寬鬆的運動服，讓自己舒服一點。仔細想想，這真的有必要嗎？如果在家裡也穿好看的衣服會怎麼樣呢？你會很驚訝地發現，你在家裡的行為因為好看的衣服而有所改變——你可能會比較想在餐桌前好好吃一頓飯，而不是賴在沙發上隨便吃。或者，你還可能因此樂意敞開大門，歡迎朋友來玩。

用餐時間

對於「時尚家庭」來說，吃飯可不只是填飽肚子而已，它是一件大事，甚至可以說是這個家庭延續了好幾代的傳統。舉個例子，「時尚家庭」每晚的上菜順序都是從我開始（因為我是女主賓），接著才依序輪到「時尚夫人」、「時尚先生」和他們的兒子。剛開始我覺得很怪，向他們抗議每晚都被奉若上賓很不自在，後來我瞭解到這並非是特意為了我，而是對他們而言很「正常」的程序，所以我出於尊重而從善如流。每天晚上大家都會準時出現在餐廳，等著「時尚夫人」把裝著餐盤的推車推進來。接著她會在餐桌前就定位，為每個人盛盤。晚餐至少都有三道菜，通常包括開胃菜、主餐和甜點及／或起司盤。

如果你認為「時尚家庭」如此嚴謹的用餐習俗僅僅出於長輩（夫人和先生）的堅持，那可就大錯特錯了。某天晚上，先生和夫人聯袂去別人家參加晚宴，所以我就和他們的三個兒子（同住的小兒子以及住在巴黎別處的兩個哥哥）吃晚飯。本來以為大家可能會隨便去廚房拿東西坐下來吃，可是他們還是像長輩在家時一樣規規矩矩用餐。事實上，那頓晚餐幾乎比平常更正式，因為兩個哥哥算是客人，所以有種晚宴的感覺。我們先在客廳喝作為餐前酒的威士忌，再移步到餐桌享用夫人準備好的三道菜色——火腿沙拉、番茄派和起司盤。毫不例外地，上菜又是從我這個女主賓開始。晚餐後，男士們煮了義式濃縮咖啡，我們再度回到客廳繼續聊天。

想來就好笑，要是我和姊妹們在他們那個年紀被大人留下來看家，八成會訂披薩、開轟趴！我得說，我還是比較欣賞這三兄弟的紳士行徑，他們陪我度過了一個難忘又可愛的特別夜晚。

如何培養老規矩

培養家裡的老規矩，可以讓你的生活更井然有序。「時尚家庭」的日常生活充滿了一個又一個的規矩——從吃早餐的規矩，到晚餐飯後必定要用古董唱機放古典樂的習慣，一絲不亂。試著全家人共創美好的生活習慣，可以讓無趣的日子變得不凡。你可以效仿「時尚家庭」在飯後喝咖啡（或其他有助消化的飲料）時放點音樂，也可以自創新的傳統；比方說全家人（包括小孩）在週六晚上盛裝打扮共用晚餐，或是在週五晚上關掉電視，在壁爐前一起玩西洋棋。

禮儀

重視禮貌和社交禮儀的美德正在凋零（真不幸），許多悠久的習俗也隨著社會風氣越來越隨便而逐一失傳。所以說，只要堅持實踐完美的禮儀，你就能鶴立……呃，這句話我還是別說完的好。

有些習俗看似過時，做起來彆扭，可是說實在的，現在正是復興優良傳統習俗的大好時機。別人一定會因為你特別有禮貌而對你刮目相看。某些稍嫌正經的習俗，其實能讓世界變得更好。親筆寫信、用全名稱呼對方、為別人開門、三思而後言等，這些優良的習俗都很值得復甦。總之，謹記這三個原則：永遠保持優雅、有風度地應對不禮貌的人，還有時時注意自己的禮貌。

除此之外，尊重你每天遇見的每一個人，也是正經生活的重要一環。剛開始你可能會覺得，光遛個狗就要跟每個人打招呼道早安似乎有點做作，不過等你習慣後，就會覺得那種感覺很棒。

先問候對方再開口說話，是我大力奉行的美德，尤其面對服務人員，這招特別好用。在法國逛街時，一定要先向店員說聲bonjour（你好），然後再開始點餐或問問題，要不然就等著看對方的冷臉吧。

獨自用餐

獨自用餐仍保持餐桌禮儀，似乎顯得無聊沒意義，可是不久後你就會發現許多優點。拿出餐巾，身體坐直，用端正的儀態花時間慢慢專心吃，你就不會因為心不在焉而吃下過量的食物，導致發胖。要人前人後都要一個樣，等到別人跟你一起吃飯時才不會說你做作。最重要的是，你會因此習慣正經生活。

Sushi Roku是我在聖塔莫尼卡最喜歡的餐廳之一，它位在海洋大道上，前廳正對著無敵美麗的海景，餐點更是美味得沒話說。某天我和先生去那裏吃晚飯時，注意到有個打扮出色的女人在擁擠的前廳裡要了張單人桌。她穿著合身的小禮服，一頭漂亮的長髮披在背後。週五夜晚生意極好，餐廳一片喧囂，她單獨一個人卻沒帶上書，也沒有每隔五分鐘玩一次黑莓機。她沒有顯露出獨自用餐的人身上常見的不安，反而優雅地坐在那裏點了一份大餐，盡情品嘗了壽司、生魚片和雞尾酒，甚至還加點甜點！她用完餐付帳後，再度優雅起身，向服務生道謝，然後輕巧地步出餐廳。

這個女人給我的印象非常深刻，因為她顯然懂得享受生活，也尊重在外用餐的正式禮節，並不因為獨自一人而鬆懈。

如果你羞於在餐桌前展現正式的禮節，不妨把在意他人眼光的那種意識連同外套，一起放在大門邊別帶進來。良好的餐桌禮儀永遠不會惹人嫌，即使同桌的人不來這一套，只要你照做，說不定他們也會跟著做，畢竟禮貌雖然正經，卻很有傳染力。

盛裝

我深信在任何場合下，穿著過分講究總比過分樸素好。當我穿得比別人正式時，總是比穿得比別人隨便時來得自在。

就某些特殊場合而言，盛裝打扮是不成文的規定。凡是要向別人致意，或是別人為了你而花費許多心思的場合（像是戲劇表演之類），絕對需要盛裝出席。我數不清有多少次在單身派對或滿月酒之類的聚會上，目睹極不得體的穿著，例如牛仔褲。別誤會，我自己也很常穿牛仔褲，世界上很多人也很常穿牛仔褲，可是正因為如此，特殊場合才不應該穿牛仔褲。至少那些我看到穿牛仔褲的人，大多會搭配正式一點的毛衣或外套，再戴上珠寶首飾，試圖隆重一點。不過，我倒是真的看過有人穿運動鞋、牛仔褲和T恤參加派對，而且邋遢到我甚至不會穿那樣去健身房（請原諒我的尖銳，這種顯然有欠尊重和禮貌的行為，真的很令我火大）！像是單身派對或滿月酒這樣的場合，目的就是要向未來的新娘或是媽媽和新生兒致意，這正是我們發揚傳統慶祝儀式的大好時機，請務必穿得特別一點，好好打扮一番以示尊重。

短褲、夾腳拖、布鞋和隨便的牛仔褲（有破洞、磨損或髒兮兮的那種），永遠不適合穿去看表演。或許這麼說有點冒險，不過我還是先附上但書——如果是比較不正式的表演（例如即興表演或說話藝術表演），還是可以穿牛仔褲，不過最好是合身的黑色或深色牛仔褲，配上高跟鞋或靴子，以及天鵝絨外套之類比較特別的上衣。總之，穿得講究一點就對了。去年我和好友紐頓去洛杉磯劇院看表演，他當天穿深色牛仔褲、繫帶皮鞋、鈕扣式襯衫和灰色背心，既好看又得體，證明了牛仔褲也可以穿得很體面。

養成打扮的習慣，可以先從晚餐開始。我特別喜歡看電影或電視裡的角色為了晚餐換裝（我馬上想到阿嘉莎．克莉絲蒂的白羅探長，以及另一部戲《馬普和露西亞》〔Mapp & Lucia〕）。你不覺得這樣很有趣嗎？從旅行、搭飛機到聽歌劇，你可以為任何事情打扮得漂漂亮亮，讓你的生活更正式更有品質。

我猜各位心裡一定在想，難道「時尚家庭」從來不曾頂著亂髮穿著睡衣在家裡頭閒晃嗎？老實說我還真的沒看過，不過我倒是有一個「時尚先生」出糗的趣事可以分享。那是我的寄宿生活即將結束的前夕，表姊克莉絲蒂從美國飛來探望我。某個星期天下午，我們打算出門在巴黎市內到處逛逛。當時家裡只有先生一個人，他正抽著菸斗看著電視上的新聞（看電視在「時尚家庭」是件很稀奇的事），我們跟他說了聲再見就出去了。樓梯下到一半時，我突然想起忘了拿墨鏡，於是又返回公寓。一開門，只見先生仍在原位抽菸，只不過襯衫拉了出來，雙腳擱在腳凳上。他看見我們，立刻站起來把襯衫塞回去，一邊忙不迭道歉，我也因為闖見他沒有防備的一刻而充滿罪惡感，匆匆拿了墨鏡，為了驚擾到他而向他道歉，又趕緊出了門。

走出門後，我和表姊相視而笑。先生的紳士天性真迷人啊！

更多得體生活的好點子

音樂

如果你對古典音樂不太熟悉，我建議你試著聽看看。你可以到iTunes買幾張合輯，當作生活裡的背景音樂。不管你正在做什麼，在古典音樂的襯托之下，都會莫名地隆重起來。我在「時尚家庭」最喜歡的規矩，就是每天晚餐飯後用老唱機聽古典樂，那讓我覺得自己好像置身在古裝劇中，好有氣氛啊！

喜歡古典樂是一回事，要在客人來的時候放古典樂又是另一回事，畢竟人家可能會笑你傻，或是笑你故作高雅。不過要我說呢，反正是你的家，你有權決定聚會的格調。印象中，我從來沒在別人家裡聽過古典樂（當然除了「時尚家庭」之外）。如果有人在晚宴放古典樂，我會非常高興！要是真的太害羞，不妨循序漸進，先放可以引起客人討論的樂曲。我個人是舊金山薩克斯四重奏（San Francisco Saxphone Quartet）的超級樂迷，他們的演奏相當優美，而且不仔細聽還聽不出來用的不是雙簧管、小號、小提琴和法國號這些傳統的四重奏樂器。當然啦，這可騙不過古典音樂的行家，不過我相信行家也會喜歡他們的音樂。

失傳的手寫信

別老是寄電子郵件，三不五時親手寫封信吧。前陣子回娘家時，在我以前的房間裡找到一個藏滿回憶的盒子，裡面有好幾封從小到大和表姊妹寫給彼此的信。重讀這些信真是樂趣無窮，想起我們小時候有多呆，我甚至笑到流淚！真可惜我們現在不再寫信了，只有一堆電子郵件在浩瀚的網路裡飛來飛去。

手寫信已經失傳了。不妨奢侈一下，買一組高級的厚信紙，印上姓名縮寫（送人這種禮物也很不錯），沒事情就寫信給你的親朋好友。我們現在收到的郵寄信件都很煞風景，不是帳單，就是信用卡優惠或折價券，想想看，當對方收到一封漂亮、正式又寫滿了的信，會有多驚喜啊！

語言

每天都學一個新字，並融入日常對話中；比方說，我今天網路首頁有個單字是「confute」（駁倒），它是一個動詞，意思是辯贏對方，我就拿它來造句：「我說我們的社會已經變得太隨便了，你能『駁倒』我嗎？」

我們的語言不光因為大家普遍使用俚語而變得太隨便，甚至還越來越多髒話（那些字眼在任何情況下都很髒）。我發現這年頭一堆人在公開場合自在地說髒話，不像以前那麼多顧忌。就拿我最近逛的幾家店來說，竟然連員工都在說髒話，這也太不像樣了吧！我不敢說我從來不說髒話，有些狀況真的沒辦法忍住（像是踢到腳趾），不過我會在逼不得已時盡量說不那麼露骨的。如果你非罵髒話不可，至少發揮點創意，例如改罵「喵的」、「糟糕」、「該死」或「可恨」之類的字眼。

結語

請務必認真思考正經生活的意義。我並不是建議大家停止穿牛仔褲、不看電視、不聽嘻哈音樂；這絕非我的用意！我的重點是，我們應該好好檢討生活哪些方面可以更講究一點。那些常被人們視為「正式」的禮俗，其實能讓我們的生活變得更多采多姿。如果我們身體力行，不僅能將許多美好的傳統留給後代子孫，也能影響我們身邊更多人。

Review 11 重點複習

1） 盡可能認真看待生活裡的大小事，日子會過得更好。

2） 創造家庭規矩和傳統，可以讓日常生活更豐富有趣。

3） 時時維持禮貌和風度。

4） 即使單獨用餐也不忘餐桌禮儀，讓用餐時光更美好特別。

5） 任何場合都好好打扮，記住過分講究總比過分樸素好。

6） 培養對古典音樂的愛好，整天放著當背景音樂試試。

7） 親筆寫信，想想看收信的人會有多驚喜！

8） 學到新的字立刻應用到日常對話，讓你的詞彙更豐富，講話不隨便。

9） 思考正經生活對你和你的家人有什麼意義，並且盡情體驗看看！

Lesson 12

雜亂
並不時尚

CLUTTER IS SO NOT CHIC

我說「時尚家庭」的居家空間極其整潔，絲毫沒有言過其實。

廚房餐桌上沒有成堆待處理的信件，大門口旁沒有掛滿外套、鞋子，咖啡桌上沒有散落的舊收據、外送菜單或零錢；「時尚先生」的拖鞋也不會落在走廊中央。

每件東西都有固定的位置，樣樣井然有序，跟他們同住的那段期間，從來沒看過一絲雜亂。說不定這是因為他們的祖先畫像就掛在門口顯眼處，你一進門就覺得被他們監視了！

面對那些嚴肅的人物畫像，換作是我也不敢把垃圾信堆在他們眼皮底下！也或許「時尚家庭」很注重生活品質，而雜亂完全違反了他們的生活美學，因為雜亂一點都不時尚！

怎樣才算雜亂

家裡有你不完全喜歡的東西，就算是雜亂。這些東西可能是親友送的禮物（不合你的意或不適合放在你家，丟掉又怕得罪人）、睹物思情的紀念品（內心深處知道留著沒用卻捨不得扔），或是沒有物歸原位的雜物（留在餐桌上的鑰匙、手機和皮夾，或是放在鋼琴上一疊未整理的信）。你一看就覺得煩的地方，通常就是雜亂的地方。

雖說如此，我深深認為，我們不該為了追求乾淨而失去了家的特色。我並不會把收藏品或珍貴的物品（例如展示在餐廳裡的心愛青花瓷盤）歸類為雜物，不過也別用這個理由欺騙自己。如果你純粹為收藏而收藏，可能還是會流於雜亂。像是茶杯、硬幣、玩具士兵和巨魔娃娃（troll doll），這些東西與其說是收藏，更偏向雜物。或許你可以把家裡沒人玩的巨魔娃娃送給巨魔迷？總之，永遠把家裡物品的重要性分清楚。

循序漸進

先決定好家裡哪些地方需要優先整理。就像前面清理衣櫥一樣，慢慢來，不要超過你一次能處理的量。好高騖遠的下場就是，當你把衣物一股腦兒從衣櫥裡搬出來，整理了半個小時後累得想收工，卻發現才完成三分之一而已。實際的做法是一天只做一點點（例如一個裝滿廢物的抽屜、一疊要歸類的文件，或是衣櫥的其中一區），這樣才能保持鬥志，有信心完成明天的整理工作。

拒絕消費主義

不要亂買東西回家，很多東西其實根本也沒必要。「時尚家庭」的購物慾很低，他們不會三天兩頭逛街購物，所以也沒那麼多東西需要整理或收納。關於這一點，我會在後面的〈拒絕新唯物主義〉一章詳加說明。

教育家人

「時尚夫人」沒有請人打掃，幾乎一個人就做了所有的家事，但她總是不慌不忙，不必疲於滿屋子收拾家人亂丟的東西。她是我見過最冷靜鎮定的家庭主婦，我想這絕大部分要歸功於「時尚家庭」裡的男人都很尊重這個家，不會製造髒亂。「時尚先生」和三個兒子用過的東西都會自己收拾，我覺得是夫人教育有方，因為她把家裡維持得乾乾淨淨，其他人自然也就不會把東西隨處亂丟。

當然啦，自己一個人住最輕鬆，家裡的一切物品都能照自己的規矩擺放，不過一個人有時候也會寂寞，人生少了點樂趣。所以與其讓自己變成收納控制狂，不如好好想辦法與另一半、孩子、寵物或室友和平共處吧。

那麼，到底要如何「教育」家人，又不讓家人覺得你頤指氣使、神經兮兮或嘮叨愛唸呢？禮貌地要求、溫柔地提醒和適當地插手很重要。如果只是說：「親愛的，你可不可以不要那麼邋遢？」這種話是沒什麼用的（這是我的經驗之談）。如果溫言軟語沒效果，不妨舉行家庭會議，可能的話，最好準備一些茶水和蛋糕。透過正式的家庭會議，家人才會知道這件事有多重要，並且更樂意奉行新的規矩。

良好的生活習慣

「時尚家庭」的作息很規律，他們喜歡按部就班，極少亂來。換句話說，你不會看到「時尚先生」的菸斗今天放茶几隔天放餐桌，他的菸斗有固定的位置，每晚抽完都會放回去，絕無例外。

要維持居家整潔，首先要養成好習慣。請試著以旁觀者的角度來觀察自己的習慣；比方說回家後，包包總會放在同一個地方嗎？還是一進門就忘了，包包有時候就隨手擱在咖啡桌上而不是收納櫃裡？還有，早餐用過的麥片碗，是不是常常放在流理台上而沒放進洗碗機裡？

你可以訓練自己養成好習慣，像是為居無定所的室內拖鞋挑個專屬位置，訓練自己每晚都把拖鞋放回那裏（例如床腳下）。其他諸如鞋子、外套、報紙、雜誌等等，所有東西都可以比照辦理。

物歸原位並不難，而且還能省下找東西的時間。順手把麥片碗放進洗碗機，流理台乾乾淨淨，你也不必把碗拿來拿去。

說到這裡，我想起有一次我婆婆從倫敦過來探望我們，某天下午她很好心地幫我照看嬰兒，我總算有時間好好洗澡洗頭，慢慢把頭髮吹乾。家裡有小嬰兒的媽媽都知道這樣的機會有多難得！我看到時鐘才驚覺自己花了太多時間，擔心婆婆已經想回飯店休息了，所以沒收拾頭髮護理用具（吹飛機、大圓梳、好幾根髮夾以及兩罐造型產品），就匆匆穿好衣服跑回樓上，感謝她的幫忙。我本來想晚點再回浴室收拾乾淨，結果婆婆並沒有趕著要走，所以我們又和嬰兒玩了一陣子，後來她需要去浴室拿東西，但我顧著跟嬰兒玩，壓根忘了裡頭有多亂！我的浴室通常保持得很整齊，所以她要進去我也沒多想。那天晚上她離開之後，我進去浴室才驚覺讓她看到了那團亂，但是悔之已晚。

其實那些東西只要花一分鐘就能收拾妥當，我卻沒這麼做。就那麼一次凸槌，偏偏就讓我那持家有方的婆婆看到了！莫非定律再次獲得證實，就像前幾章的例子：出門一邋遢，肯定會遇見舊情人或跟你暗自較勁的朋友。總之，經歷這次浴室事件後我學乖了，現在會盡可能隨時維持家居的整潔（家裡有小孩子多少會有點亂，不過能收拾多少算多少，即使只乾淨一點點也好）。

隨身物品收納

鑰匙、手機、皮夾、墨鏡和包包這些隨身物品很重要，應該收在隱密之處，靠近大門的地方最理想，因為一進門就可以把東西全部收好。再說，鑰匙固定放在同一個位置很方便，不怕找不到。

我從沒看過「時尚家庭」有人亂放鑰匙、皮夾或手機，這些東西也絕不會出現在咖啡桌上。找地方放鑰匙和包包聽起來並不難，但是對我們家來說卻是個大問題，我實在很困擾！我們家是聯排住宅，沒有傳統的玄關，大門一進來就是樓梯，上樓才是客廳，因此門口沒有足夠的收納空間，倒是樓梯頂有個玄關衣櫃很符合需求。不過，先生和我每晚回家卻總是把它們放到餐桌上而不是櫃子裡。這些東西明明就該收進櫃子，為什麼我們從來不這麼做？我決定弄清楚原因。

我們的玄關衣櫃塞滿一堆東西，外套和夾克掛得滿滿的，根本沒空間放客人的外套。要是有客人來，只能把他們的外套和包包掛在餐椅背後，實在很不理想，尤其是邀人家來吃飯時，又得把外套移開讓大家就座。我為此深感苦惱，好希望能把客人的外套好好的掛在玄關衣櫃裡。可是如果真的打開衣櫃，裡面的網球拍、雨傘和其他雜物很可能會爆出來，讓大家都很尷尬。

照理說，玄關衣櫃只能掛自己最常穿的外套，並另外為客人預留四個木頭或有襯墊的衣架，玄關的鞋櫃也是如此。我們以前把全部的鞋子收在玄關衣櫃裡，滿到疊在吸塵器上面（我們有必要把吸塵器放在玄關衣櫃裡），所以幫傭每個禮拜來打掃時，常常因為拉出吸塵器後被掉下的鞋子打到而尖叫。

可想而知，當我把玄關衣櫃清空時，很多東西進了垃圾桶或送去慈善機構。我竟然還挖出舊的旅行枕、收據、十年前的雪靴，和沒人用過的健身器材！

我在清好的衣櫃裡裝了一個掛門式收納袋，把雜物通通裝進去。我們花了一些時間才改掉舊習慣，現在會使用那個衣櫃了，餐桌也因此變得乾淨，隨時都能使用。

當你一開始在意家裡雜亂的地方，就會變得越來越敏感，你會覺得某個髒亂的抽屜或角落突然很礙眼。我在幫傭的協助之下，把家裡頭大部分的抽屜櫃都整理乾淨，獨獨漏掉兩個——最重要的兩個。我們的主臥房床邊兩側各有一個床頭櫃，抽屜裡有零錢、筆、打火機、書、雜誌和型錄，什麼都有。每晚睡覺時，我們的頭就對著這些亂七八糟的東西八個小時。有一天晚上我睡不著，滿腦子都在想眼前的床頭櫃有多亂，於是隔天立刻著手整理。

更多居家整潔妙招

——為郵件設計一套歸檔系統。垃圾信立刻丟掉，帳單和重要的信則用盒子或檔案夾裝起來（同樣也是隱藏收納），留待日後處理。

——選購附有儲物功能的家具。我們買了一個大大的簇絨土耳其軟椅當咖啡桌，我們很喜歡它的掀蓋式設計，可以把遙控器、遊戲手把和DVD通通收進去。

整潔的生活好處多多。人人都值得享有高品質的生活和漂亮的家居，你的東西也值得好好被收藏起來。當你開始居住在整潔的環境之中，就等於邁向了高品質的家庭生活，你將會發現好處數之不盡。

Review 12
重點複習

1） 檢查家裡哪些地方需要整理。不要自欺欺人。

2） 循序漸進整理雜亂的地方，慢慢來，每次不要超過你一次能處理的量。

3） 將衣櫃、抽屜櫃和碗櫃保持乾淨，這些儲物空間最容易亂堆東西，最後日常用品反而沒空位放。

4） 不要亂買東西回家，除非真的有必要才買。

5） 設計一個適合全家人的收納系統，花時間溝通，確保大家都能照做。

6） 不想被文件和郵件淹沒？盡快解決收納問題吧。

7） 在家過規律的生活，強迫自己物歸原位。

Lesson 13

藝文活動

SEEK OUT THE ARTS

看完前幾章，你可能以為我在巴黎整天都在閒晃，觀察別人的生活。冤枉啊，我其實是去唸書做研究的。我上的課包括法文、戲劇和藝術史，而整個城市都是我的教室。舉例來說，我們禮拜一在藝術史課堂討論一幅畫，禮拜三便會去巴黎的各大博物館（像是奧賽美術館或羅浮宮）欣賞真跡。戲劇課的功課則是讀劇本（例如莫里哀〔Molière〕的《貴人迷》〔Le bourgeois gentilhomme〕），讀完的下個禮拜就直接殺到法蘭西戲劇院（La Comédie Française）看舞台劇。不瞞各位，我簡直置身天堂。

完全沉浸在藝術的世界裡，對我來說是個極致的體驗。除了舉世聞名的羅浮宮和巴黎歌劇院之外，我們還在教授的帶領之下參觀了其他規模較小、知名度稍低的博物館和劇院。

我永遠忘不了有一次我們去一間小巧的戲院看伊歐涅斯枸[10]（Ionesco）的《禿頭歌女》（La cantatrice chauve），只能坐五十人的觀眾席，讓我們離演員好近，彷彿我們也在舞台上！

我一向喜歡藝術，尤其是戲劇（我大學主修戲劇），但是直到去巴黎求學，我才知道藝術可以如此全面融入生活，讓生命更豐富美好。週週看戲或看展覽淨化了我的心靈，和朋友們不再閒聊名人八卦，而是討論戲劇和電影這些更有意義的事情，進行哲學上的探討，也因此更瞭解我自己，感覺更融入我熱愛的法國文化。

音樂

我小時候上過幾年鋼琴課，還曾在學校樂隊吹奏薩克斯風（會吹奏薩克斯風這件事，不知為何朋友一發現都覺得好笑，我乾脆說我是在模仿《辛普森家庭》裡的點子・辛普森〔Lisa Simpson〕）。高中時參加的管樂團會在早上第一堂課前，聚集在音樂廳排練一個半小時，那時我會埋怨早起太痛苦，可是從創作音樂展開一天的生活，說實話感覺還真不賴。

我喜歡生活裡時時刻刻都有音樂（寫到這裡正好在聽馬友友的《La Voix du Violoncelle》專輯）。音樂真的能讓人拋開壞心情，激發出創造力。我每次寫作都會先放一些有助思考的音樂，不見得全是古典樂（雖然古典樂是我的最愛），從保羅・賽門（Paul Simon）、約翰傳奇（John Legend）、羅賓・西克（Robin Thicke）、酷玩樂團（Coldplay）到馬友友我都聽。如果你的生活缺乏熱情或單調重複，不妨在生活中加點音樂。小時候玩過樂器嗎？大學時代的宿舍是不是老放著大衛馬修樂團（Dave Matthews Band）或巴布・狄倫（Bob Dylan）的音樂呢？回想一下，那些日子是不是很無憂無慮、熱血激昂？沒理由我們不能像過去那樣，領略音樂的美好。

〔註10：羅馬尼亞裔法國荒誕派劇作家。〕

「時尚家庭」每天晚餐飯後熱衷於聆聽古典音樂的傳統，很讓人耳目一新。他們是音樂行家，把音樂當作日常生活裡重要的一部分，這點頗值得我們效仿。每天晚餐飯後全家人一起聽音樂，是不是比各自賴在沙發上看電視溫馨得多？音樂能為家裡帶來特別的氣氛，可惜很多人只在客人來訪的時候才放音樂。我在家裡喜歡隨時聽音樂，並不是一整天放個不停，而是想到就聽一下，興致一來就來段即興舞蹈（方便在家裡做運動）。早上準備早餐給小孩子吃的時候，我也喜歡放音樂重溫高中的管樂團歲月，以音樂揭開一天的序幕，感覺一開頭就很順利。

如果你覺得這樣還不夠，何不自己組個樂團？亞歷山大・梅可・史密斯（Alexander McCall Smith）是我最喜歡的作家之一，他也是超級恐怖管絃樂團（Really Terrible Orchestra，簡稱RTO）的成員。這個樂團是由英國一群業餘音樂家組成，他們一起創作音樂，並且堅持「業餘」的特色（樂團名稱因此而來）。他們的音樂非常有趣，現在樂迷已經遍及全世界。

巴黎的生活處處都有音樂，我就常遇到手風琴樂手跳上火車表演收小費，不過這還不是最特別的。有一次我參加「波希米亞夫人」的狂野晚宴，有幾位藝術家類型的客人聊到了羅浮宮神秘的半夜四重奏。

「你沒聽過羅浮宮的半夜音樂會？」他們非常驚訝，因為我已經在巴黎待了幾個月了。

「沒有啊！」我傾向身前的紅酒燉雞：「快告訴我！」

「波希米亞夫人」的客人告訴我們，有一群音樂家偶而（通常一個禮拜一次，但不固定哪一天）半夜會在羅浮宮的庭院免費演奏。我一聽就覺得好精彩，這麼特別又浪漫的音樂會，豈容錯過！

事實上我們真的去了。忘了我們是如何發現到底哪天晚上有音樂會的，反正我和朋友們在初春某個涼爽的傍晚，晃進羅浮宮的其中一個庭院，聽到了美妙的弦樂四重奏。庭院裡只有寥寥數人，稀稀落落分散四處，沒有椅子，大家只能坐在噴泉底邊，或是鋪條毯子或圍巾席地而坐。

美妙的四重奏連續彈奏了一個小時，有莫札特、蕭邦和布拉姆斯。我還記得當時的感動——慶幸自己能在這座美麗城市的星空之下，置身在收藏著全世界許多重量級藝品的漂亮建築物內，身邊有好友環繞，一起聆聽這場「神秘的音樂會」——我當時覺得，生命真是美好……

我不確定羅浮宮至今是否仍有神祕的音樂會，如果有的話，你又剛好在巴黎，我誠心建議你：「Allez（快去）！」

視覺藝術

「波希米亞夫人」熱愛贊助藝術，沒事就去龐畢度中心看展覽，而且經常邀請藝術家朋友參加她的狂野晚宴。有一天晚上，我們陪她去龐畢度中心參加一場私人展覽，展品是阿爾伯托・賈科梅蒂[11]（Alberto Giacometti）的一系列素描和雕塑；那真是個神奇的體驗。巴黎似乎每個角落都看得到藝術。

還記得「完人教授」嗎？他是我在巴黎那位愛美的藝術史教授，他的課讓我對藝術的看法自此完全改觀。

我在巴黎最愉快的回憶，包括了與教授在博物館共度的時光。我們會停下來凝視藝術作品，領略它的精華：站在居斯塔夫・庫爾貝[12]（Gustave Courbet）的《世界的起源》（The Origin of the World）前目瞪口呆；我們注意到托馬・庫蒂爾[13]（Thomas Couture）在《墮落羅馬人》（Romans of the Decadence）這幅巨作中，描繪的放蕩場景背後的道德教訓；興味盎然地觀察畢卡索畫中的女人形體，如何隨著他與妻子的關係逐漸惡化而改變。我特別喜歡人物畫，厲害的畫家可以捕捉住畫中人物的靈魂（作品能進入羅浮宮或奧賽美術館的畫家當然厲害）。我最喜歡的其中一幅人物畫是愛德華・馬奈（Edouard Manet）為同是十九世紀畫家的貝爾特・莫里索[14]（Berthe Morisot）所作的畫像，畫中她著黑色喪服，握一小束紫羅蘭，謎樣的表情參雜著一絲脆弱。

坦白說，在去巴黎生活之前，我一直覺得博物館有點無聊。雖然我在洛杉磯偶而也會去博物館或藝廊看展覽，不過大多也只是限於知名藝術家（例如梵谷或畢卡索）的巡迴展覽。上了「完人教授」的課之後，我才感受到藝術的生命。如果你社區裡的學校或附近的博物館有藝術欣賞課程，請務必參加看看。學會欣賞藝術，將會改變你看待周圍世界的眼光。

（註11：二十世紀超現實主義藝術家。）
（註12：十九世紀法國寫實主義畫家。）
（註13：法國學院派畫家，馬奈的老師。）
（註14：十九世紀法國印象派畫家。）

去探索你家當地的博物館吧！很多人住在大城市，附近的大型博物館卻只去過一兩次，覺得那是觀光客才會去的地方，反而是去外國旅行才理所當然地造訪當地的博物館。我很幸運，洛杉磯和馬里布都有蓋蒂博物館（Getty Museum），剛好都離家很近。蓋蒂博物館可以免費參觀，對當地人來說真是一大福音，我總是盡量抽時間去。說實話，我和好友珍很喜歡帶小孩去博物館或美術館放風，為千篇一律的親子遊戲時間翻點新花樣，畢竟讓小孩子接觸藝術，永遠不嫌早。

如果你不是住在大城市，要去美術館或博物館可能會麻煩一點，不過我敢說辛苦是值得的。倘若你當真住在藝術荒原，那也別沮喪，何不自己辦個展覽？大家多多少少都有愛好藝術的朋友，不管是繪畫、雕塑、素描、紡織品、陶器等等，反正向這些朋友募集藝術品在你家展覽，順便辦個雞尾酒派對同歡，這也不失為把藝術帶進生活的好方法。

戲劇

戲劇是我的心頭好，我在大學主修戲劇，從青少年時期到二十歲出頭參與了許多舞台劇，除了自己上場演出，我也熱愛看舞台劇。不論是到獨立小劇場看《禿頭歌女》這樣的小品，或是到巴黎歌劇院看大型歌劇，只要晚上到劇院看場表演，你一定能感受到其中的魔力。

現代人電視看得太多，舞台劇看得太少。我建議你到就近的劇院買季票，相信你絕對能在觀眾之中遇見有趣的人。我這輩子看過無數齣戲，最棒的經驗是在社區劇院看小型舞台劇，演員雖然不甚有名，可是現場表演的魅力真的是難以言喻。

如果你對表演感興趣，可以到就近的社區劇院或教堂劇院應徵當演員，若是你更想當導演、舞台工作人員或製作人，何不試著自己籌備一齣戲呢？

我在巴黎看了雅絲曼娜・雷沙（Yasmina Reza）製作的《生命的三種版本》（Trois versions de la vie）。雷沙身兼劇作家與演員，常主演自己的作品，她的多樣面貌給我留下了極深的印象。我們其實可以學習雷沙或超級恐怖管絃樂團的精神，自己來製作一齣戲。進入戲劇的世界永遠不嫌晚，或許你可以在自己的社區裡引領出一股藝術風潮。勇敢挑戰自己吧！

我好懷念過往的戲劇生涯，以後有機會一定要重返戲劇世界（可能得等到不必忙著帶小孩或寫書的時候）。

電影

我最愛的電影是《艾蜜莉的異想世界》，這部片我起碼看了三十遍，不過第一次是在巴黎跟全班一起去看的，從頭到尾只能聽法文，沒有英文字幕。這部片中創新的電影藝術、縈繞人心頭的美麗樂章、女主角奧黛莉・朵杜的嬌俏魅力，還有簡單故事背後的熱情（講訴艾蜜莉如何熱心幫助別人改變命運，卻悲哀地忽略了自己），這一切都讓我深深著迷。這個愛情故事實在太感人了，我邊看邊哭，回到美國又去電影院看了一次（最後還買了DVD），認真讀字幕就怕漏掉任何情節。前陣子聖塔莫尼卡的航空獨立劇院（Aero Theatre）放映這部片時，請了導演尚皮耶・居內（Jean-Pierre Jeunet）來致詞，我找不到人陪我去，獨自再看一遍仍是回味無窮，彷彿重回巴黎。

這就是電影展現力量的時刻。我喜歡看獨立製片的電影，尤其是故事沒那麼商業化的外國片，可以讓我一窺遙遠異國的生活。如果你跟我一樣喜歡獨立製片電影卻找不到人陪，不妨自己一個人去看。我回到加州後，看電影大多是獨自一人。大中午買個爆米花和可樂（我自己上電影院喜歡喝茶），一個人跑去看電影，純然不受打擾的享受，真是奢侈極了。

積極營造藝文生活

——如果你住在藝文活動豐富的大城市，請好好把握機會，有什麼交響樂、舞台劇、芭蕾、歌劇表演，盡可能都去看看。另外還有藝術展覽、讀書會、作家座談會也不容錯過。

——重拾彈奏樂器的樂趣。大家小時候都學過樂器吧？我小時候學過鋼琴和薩克斯風，最近又開始彈鋼琴了，現在彈又別有一番樂趣。

——參加社區裡的讀書會或寫作小組。

——一直想寫小說嗎？動筆寫吧。艾倫・沃特（Alan Watt）是我的寫作老師兼心靈導師，他最近出版了《九十天學會寫小說》（90-Day Novel），這本書是寫作的好工具，可以幫你把靈感化為文字。

——安排一場讀詩會。你可以選定浪漫風或哥德風作為詩歌的主題，然後讓每個人輪流大聲朗讀偉大詩人的相關作品，或是一起閱讀原作。

——把你家客廳當舞台，演一齣獨幕劇或一連串短劇，甚或來個即興表演之夜；演員都是業餘的最有趣，那樣既沒有壓力，又可以盡情大笑！

我回到洛杉磯後，仍孜孜不倦地到處觀賞獨立製作的舞台劇和電影、參觀藝廊，以及聆聽現場音樂演奏。參加藝文活動或許是我在巴黎學到最重要的事情之一，因為藝術為我的生命帶來了無法言盡的快樂，而這種快樂，我希望日後能傳承給我的女兒們。

Review

13

重點複習

1） 盡情沉浸在藝術之中，讓生活富有文化氣息。

2） 平常有事沒事放點音樂，當作生活裡的配樂。

3） 注意附近博物館有什麼最新展覽，抽空去參觀。

4） 定期看戲，不論是大型製片或地方性的獨立小製片都值得一看。

5） 在家辦藝術展覽，邀請朋友同樂。

6） 化身藝術家：吹奏樂器、動筆寫書、參加附近劇場選角，或是拿出畫筆創作一番！

Lesson 14

營造神秘氣質

CULTIVATE AN AIR OF MYSTERY

我在「時尚家庭」的臥房外面是一個庭院，由於公寓在比較高的樓層，所以我的窗戶與對面某位鄰居的窗戶剛好相對。我完全不認識這位鄰居，而他似乎對我也很好奇，每天早晨我拉開臥房的窗簾，十之八九會看到他拿著咖啡杯（看來也有法國人早上不用碗喝飲料）看向窗外。剛開始我很害羞，會趕快把窗簾拉上，或是躲起來從厚厚的窗簾縫隙偷瞄回去。有一次偷瞄被他發現，他微笑著舉起咖啡杯對我打招呼。

自此我與這位神祕鄰居展

開了為期五個月的調情。我們每天隔著窗戶對望，他會笑著向我揮手，我也報以微笑，有時候打完招呼，還會稍稍繼續凝望彼此。偶爾，我會從窗戶看到他帶回家的女伴，驚訝於自己心裡竟然有一絲忌妒。怎麼會這樣呢？我們從未真的碰過面，一次都沒有。其實我也有點慶幸，還好我們從未面對面接觸。

神秘鄰居的魅力正在於我對他一無所知，因此有一種神秘感，可以任我隨意想像。我只知道他是住在巴黎十六區的年輕單身男人，有可能是一位成功的犯罪小說作家，又或者是雕刻家或電影攝影師！出於好奇，我們交換了一次又一次曖昧的微笑。如果我當真在信箱旁遇見他，有了進一步的認識，那種吸引力可能就此消失。要是他離過兩次婚還酗酒怎麼辦？我肯定再也不會跟他隔空調情了！

不過，就算他真的離過兩次婚又酗酒，他也不可能在認識我之後就告訴我，因為法國人喜歡維持神秘感。

法國人習慣不談自己的私事，就連對熟人也不說，遑論陌生人。

美國人可不是這樣。生完小孩幾個月後，為了慰勞自己，我去做了久違的指甲美容。長期缺乏睡眠再加上久沒打扮，讓我相當期待這趟美容療程，也確實好好地享受了一番（手指和腳趾的指甲美容，再加上十分鐘的肩膀按摩，天堂啊！）美中不足的是，隔壁的女人從頭到尾講手機講得超大聲，鉅細靡遺地描述她前一晚的約會過程、在交友網站上的狀態、縮水的銀行存款慘況，以及上司有多可恨。不光是她電話另一頭的朋友聽到了這些私事，滿滿整間沙龍的客人也全聽到了，包括我在內。

在法國，這種事絕對不會發生！

我在巴黎時，從未聽過有人在公眾場合大聲講電話廣播自己的私生活。當然，法國人也會找知己分享心事，可是絕對不是在美容沙龍用手機講（安安靜靜地享受指甲美容和按摩才是法國之道，他們不會把放鬆的時間浪費來講電話）。

批評別人（指甲沙龍的女人）很簡單，但當我反省自己，才發現保持神秘有多困難！仔細想想，我也習慣向別人透露過多的私生活細節，或是不能容忍對話中的沉默，而且總想要取悅別人。

智者慎於言

我前陣子去中國菜餐廳吃飯，我的幸運餅乾籤條上寫著「智者慎於言」。這句話很有道理，少說廢話才能營造出神秘感。言多必失，如果你只在必要時刻說出必要的話，反而能讓別人感覺到這些話的分量。

舉個例子，你會跟剛認識的人聊什麼？你會不會為了表現出親切的樣子，而講了太多沒必要的話？

當你跟一群人在一起時，如果不太講自已的私事，人家可能會說你冷漠或自命清高。請不要因此動搖，也別在意別人怎麼想，他們很有可能只是被你的神祕感所吸引，單純忌妒你罷了。

習慣沉默的空檔

不習慣沉默嗎？是不是對話一有停頓，就會拼命找話講或問問題？我承認我自己就超怕沉默的。每次跟別人聊天（不論對方熟不熟），一有冷場的跡象，我就立刻緊張地說個不停，就怕氣氛變得尷尬。我這德性簡直毫無神秘感可言！

我慢慢才瞭解沉默沒什麼不好，有時候反而很珍貴。除非你不自在，別人才會跟著不自在。我每天都在訓練自己習慣沉默。

我在美國也有個神祕鄰居（我跟神秘鄰居特別有緣），他經常出城旅行，非常懂得營造神秘感：每次遇見他，他只會略為聊聊旅行的話題，絕口不提自己的工作（我也和法國人一樣，絕口不問）。我們的對話通常會出現很多空檔，他絲毫沒有不自在的樣子，而我卻是無可救藥地說出毫無意義的蠢話或咯咯傻笑。我這麼緊張並不是因為對他特別感興趣，我對任何人都一樣，害怕冷場。

有一天我決定對著這位鄰居練習營造我的神秘感。那天早上我出門遛狗，手上握著蓋茨比的遛狗繩，胸前用BABYBJÖRN的嬰兒揹巾抱著小孩兒。我前一晚沒睡好（小孩正在長牙），所以我應用了一個保持儀容得體的小技巧——在睡衣外面罩上長外套。我看起來一定很拙——戶外溫度大概有華氏八十度左右，我卻穿著冬天的外套配上小狗和小孩，不過起碼我沒把睡衣露出來。

我們當天的對話如下：

「早安！」神秘鄰居先打招呼。

「早安！」我回答。

（長長的停頓！）

神秘鄰居：「你好嗎？」

我：「我很好，謝謝。你呢？」

神秘鄰居：「沒什麼好抱怨的。（又是長長的沉默！）那麼你呢？你快樂嗎？」

我：「很快樂啊。（這次換我停頓！）最近都沒看到你，一定又去旅行了吧？」

神秘鄰居：「沒錯，最近忙著旅行和工作。」

我：「那很好啊。（我又停頓了——太好了，我成功了！）看到你很高興。」

神秘鄰居：「我也是。」

我：「再見。」

說真的，我還是覺得沉默的空檔很彆扭，可是我忍住了，結果很令我滿意。我們沒聊什麼重要的事，可是重要的事通常也不會在這種情況下聊。我的人生故事和日常生活點滴讓好友們知道就夠了，我可以對其他人保持神秘。

所以說，訓練自己習慣沉默，對我而言很重要，要是不克制的話，雙方安靜下來的那一刻我就會神經兮兮地傻笑，跟鄰居講起天氣如何，或是為我的儀容道歉，甚至說起嬰兒長牙的冷笑話，取笑自己是只睡三個小時的殭屍等等。幸好我記得保持神祕，這是個好的開始！

聊什麼好

你可能會納悶，想要維持神秘感得聊什麼才好？答案是，任何話題都可以聊，除去你的私生活之外。我在「時尚家庭」和「波希米亞家庭」參加過幾次晚宴後，不由得暗自奇怪為什麼他們的賓客都那麼迷人。我可以跟他們聊最近的電影、龐畢度中心的最新展覽，甚至探討起哲學上的問題，但一整晚下來仍不知道他們住哪裡、什麼職業，有時候連對方名字都不知道！

我可不是建議各位參加晚宴或雞尾酒派對應該躲在角落板著臉。千萬別這樣！相反地，你應該主動積極找人聊天。你可以聊藝術、時事、最近讀的好書或有趣的電影，盡量表現出充滿活力、有趣的那一面，讓對話更生動。現在的社交問候總是千篇一律（假日都在做什麼？週末打算做什麼？）是時候擺脫這種無趣的對話了；找個特別的話題來聊，任對話自由發展，你在其他賓客眼中會顯得特別迷人且健談（而不是長舌）。相信大家都曾在派對上遇過猛講自己私事，大聊自己人生問題或困境的人，殊不知那樣既無趣又欠缺神秘。別犯這種錯，保有隱私才能引發別人對你的好奇。

熟能生巧，跟我一起練習神秘吧。「最近有讀什麼好書嗎？」這個問題很適合拿來問剛認識的人，你可以從對方的回答察覺很多事。如果她遲疑良久，可能她最近沒讀什麼書（那你就該換個話題了），也可能她正琢磨著要推薦哪些好書。用這種方法認識別人很有趣吧？

在法國，千萬不要問別人做什麼工作，因為那是個很沒禮貌的問題。如果他們想說，自然會告訴你，要不然不知道也沒什麼關係；話說回來，別人做什麼工作真的有重要到非知道不可嗎？還記得我在法國的神祕鄰居吧？我就是因為不知道他從事什麼行業，才會對他充滿幻想。

保持神秘的另一個重點是，盡量不要講別人的八卦，畢竟說三道四也不是什麼好事。不過要是整桌的人都在講，要避而不談似乎不太容易。當話題轉向不太令人舒服的方向時（例如講共同熟人的閒話），你可以選擇留下或離開。如果是在餐桌上，要離開可能很奇怪，這時只要不加入對話就行了。要是有人問起你的意見，你可以眨個眼睛說：「不予置評。」一總之輕鬆帶過，不必太過嚴肅。其他賓客會好奇你為什麼不加入八卦，內心偷偷為你加分。

傾訴私事

那麼，自己的私事到底什麼時候才能說？遇到問題或是需要別人同情的時候，總是需要找個人傾訴。我建議各位選一兩個值得信任的親友（姊妹、表親或好友等等，總之就是身邊特別親密的人），分享生活裡的私密細節，把心事說出來，一吐為快。

舉個例子，你跟老公吵架，因為他老是把髒衣服丟在籃子外面，整整三年死性不改，你不懂他為什麼這樣，忍無可忍之下發脾氣對他大吼大叫。你不是故意的，但是情緒就是失控了，他也因此感覺受傷，氣沖沖離家而去，心情沮喪之下，你打了通電話給好友想獲得安慰，她很好心地告訴你這只不過是小事，於是你心情開朗起來，老公一回家你們就和好如初，整件事雨過天青（你和好友有默契，事情過了就再也不提）。可是，如果你習慣一吵架就告訴所有人，同一件事講了又講，只會把小事化大。為了微不足道的小口角到處訴苦，毫無神秘感可言。

另外，切記別把說心事的對象當成情緒垃圾桶，你應該尊重對方的時間，只選有意義的事情來說。如果你發現自己有小題大作的傾向，那麼就算對方是你最好的朋友，還是不妨多保持一點神祕感。你可以多關心對方的生活，少說自己的事情。

不要刻意謙虛

你能大方地接受別人的讚美嗎？那些有神秘感的人，面對恭維總是能處之泰然。如果我讚美「時尚夫人」的衣服很漂亮，她絕對不會回答：「哪有？這件很舊了，還是清倉打折時買的！」相反地，她只會說聲Merci（謝謝）而已。

別人讚美你時，簡單道謝就好。你可以坦然接受別人的好意，報以微笑或回以讚美（必須是真心的）。

另外，也別為了讓別人心裡好過而刻意謙虛。當別人的人生不如自己順遂時，很多人會為了安慰對方而收斂自己的幸福，刻意提起上個月和好友吵架的事情，好配合對方「不幸」的話題。別這樣做！不快樂的事情何必反覆回味？朋友陷入低潮時，你只需要在旁邊給予支持。有神秘感的人的其中一項迷人之處，就是他們顯得自得自在，讓人不由得好奇他們有什麼祕密！所以說，如果你的生活很滿足，人大方方的表現出來，一點也沒必要不好意思。

浪漫關係

神祕感在戀愛之中是很重要的。很多人只在追求階段的初期營造神祕感，比方說，你絕對不會在第一次約會時，在情人面前剪腳指甲。這種事一定是關起門來做，最好還挑他不在的時候。那麼，為什麼結婚四年有兩個小孩之後，你就覺得沒關係了呢？

跟另一半在一起時，如果突然想講什麼沒氣質的話（例如吃葡萄讓你想放屁），請先三思再說出口，或乾脆別說。另一半見你欲言又止，可能會問你想說什麼，這時只要微笑說：「沒什麼。」他會覺得你耐人尋味。

永遠別大剌剌地在情人面前梳妝打扮，你每天使用洗鼻器或卸睫毛的樣子，實在沒必要讓對方看到。我認識一些自誇敢在另一半面前如廁的夫妻（光是寫這段句子就覺得毛骨悚然）。請別把噁心當成親密，在情人面前保持神秘，才不會殺光彼此之間的浪漫氣氛。

不要喪失自我

營造神秘氣質並不等於惺惺作態、擺架子或假裝成別人，重點是在於不要為了取悅別人而改變自己、虛情假意地寒暄，或是向不重要的人透露太多自己的私事。時時刻刻做自己，並懂得營造神秘感，別人自然會受到你的吸引。

進階技巧

——學習蒙娜麗莎的神秘微笑。雖然有點老套，但是很有效。似有若無的微笑，彷彿你知道什麼秘密，別人一定會想要一探究竟。當然啦，你絕對不能把秘密說出來，就讓他們繼續疑惑吧！

——輕聲細語，最好像耳語那樣。當你輕聲細語時，別人會不自覺靠近想聽清楚。這招非常神秘。

——當個好的傾聽者。

Review 14 重點複習

1） 三思而後言，不要口無遮攔說太多自己的私事。有必要的時候才說。

2） 訓練自己習慣沉默。

3） 不要向初次見面的人交代自己的祖宗八代。你可以聊藝術、哲學或時事，表現出有趣的一面，讓人家好奇你是什麼樣的人。

4） 選一個兩值得信任的親友分享心事。

5） 學會大方接受讚美。

6） 切記，絕對不要問別人做什麼工作（即使不是身在法國，也別問這種問題）。

7） 沒氣質的生活瑣事少說，免得破壞浪漫氣氛。絕對不要在情人面前梳妝打扮；只要讓他看到你漂亮的一面就好，沒必要讓他看到你的變身過程

Lesson 15

實踐待客之道

PRACTICE THE ART OF ENTERTAINING

就我而言，參加一場正式的晚宴，最開心的莫過於可以在美好的音樂環繞之下，對著美麗的餐桌擺設，品嘗餐前酒、冷盤、精緻的美食、甜點、起司盤、餐後咖啡和餐後酒，一邊聽著有趣的賓客高談闊論，可是如果要換我來主辦一場晚宴，那可就愉快不起來了。

晚宴文化在法國相當盛行，款待親友更是巴黎人日常生活的一部分。「時尚夫人」和「波希米亞夫人」都喜愛邀約朋友到家裡作客，至少每週一次。我說的可不是邀鄰居過來喝杯茶那麼簡單，她們兩人是真的時常舉辦道道地地的晚宴。說真的，我只有在巴黎參加過那麼多場晚宴，在我的人生中堪稱是空前絕後。

兩位夫人的晚宴風格大相逕庭。「時尚夫人」的晚宴優雅講究——先在古典樂悠揚的會客室喝餐前酒，接著享用美味的五道餐點，飯後是男士們的吸菸時間、餐後酒，然後再聽些古典音樂。賓客大多是受人尊敬的老派上流人士。

「波希米亞夫人」的晚宴則比較狂野熱情，賓客多半來自藝文圈。不同於「時尚夫人」的餐前威士忌或波特酒，「波希米亞夫人」偏愛香檳雞尾酒，餐點也不是正統的五道菜，而是比較簡便的三道菜，後面接著……呃，我真的不太記得了，因為每次都玩得很瘋！

這兩種晚宴各有優點，我都很喜歡，也都很佩服她們怎麼能夠頻繁又輕鬆地辦好這些宴會。對她們而言，待客之道已經是種藝術了。

自信的女主人

「時尚夫人」和「波希米亞夫人」的晚宴之所以那麼成功，關鍵因素在於「自信」（龐大的自信）。她們是規劃大師，每一個小細節都能看到她們獨特的品味；從音樂、餐點、賓客到空間氣氛，處處皆可見其用心設計。她們真心享受每一個時刻，酬賓宴客不過是生活的一部分而已。她們從來不曾在廚房手忙腳亂，或是因為餐點而驚慌失措。就算出了差錯我們也看不出來，因為身為女主人的她們態度一直很淡定，簡直像是「禪定」了。

當然啦，女主人要有自信這種事，說來容易做時難，這點我最清楚不過，因為以前的我算不上是個稱職的女主人。我記得曾經辦過一場糟糕的晚宴，只有一道主餐：雞肉咖喱佐白飯。咖喱裡面有紅蘿蔔，沒想到其中一位女客對紅蘿蔔嚴重過敏。大災難啊！那位女客一點也沒抱怨，小心翼翼地避開紅蘿蔔，但是這個意外讓我深受打擊，整整一年都不敢再招待朋友來家裡吃飯。

「時尚夫人」是個毫不含糊的女人，她做什麼事都充滿自信，不論是料理、待客或談吐，凡事皆顯得從容不迫，絕對不會因為紅蘿蔔過敏這種事而心慌意亂。她的自信也會讓身邊的人也感覺自在。有沒有去過主人家焦躁不安甚至惱怒的晚宴？最讓賓客尷尬的就是，看到主人家不斷道歉。

要當個完美的女主人，記得表現出自信的樣子，千萬不要為了招呼不周而道歉。

想當個自信的女主人，有幾個重要的觀念不可忘記。先召喚出你內心潛藏的「時尚夫人」，再好好催眠自己：

賓客（照理說）都很喜歡你，樂見你的晚宴成功

說實在的，大多數的人收到邀請就很高興了。所以呢，沒必要擔心人家會嫌棄你招呼不周。我在加州很少獲邀去人家家裡作客，我樂觀地認為這並不是因為我人緣差，只是現在沒有人這麼做而已；他們要不是太累、太忙，要不就是太膽小。真是無趣啊！我好懷念在巴黎的多采多姿社交生活。如果有人邀我參加晚宴、茶會或喬遷派對，我鐵定會很開心的（我真的通通來者不拒，各位朋友快來邀請我吧）。相信我，一般人獲邀去作客都是很欣喜的（起碼我是），壓根兒不會在意有什麼小環節出了差池。真正的朋友去你家只是為了與你歡聚，他們也會希望你的派對成功，至於那些只想看笑話的人，根本就不應該邀請他們。

你看起來很棒（前提是有打扮）

只要穿上好一點的衣服、儀容整潔（頭髮梳洗乾淨，畫點裸妝便已足夠），就沒什麼好擔心的了。

記得微笑，把頭髮放下來，注意儀態，好好融入賓客之間吧。不要惦記洋裝上的小污漬或頭髮是不是亂了，享受當下才是最重要的。請相信自己很漂亮。

食物就算不好吃，也不是世界末日

偷偷告訴各位，「波希米亞夫人」的廚藝其實並不怎麼高明（比不上「時尚夫人」），她經常把肉煮得太老，燉菜呃……，燉過了頭，可是我們從來不介意。她身為女主人的自信彌補了菜色的缺點，總是能讓賓主盡歡。她的晚宴實在太有趣了，我每次獲邀去她家都會興奮不已。

從拿手菜開始

如果你沒辦法像「時尚夫人」那樣準備五道餐點，不妨縮減菜色，或從不同類型的餐點開始。我喜歡舉辦茶會（因為比較簡單），多辦幾次累積了經驗和自信後，我的派對越來越精緻，從剛開始只有水果、手工蛋糕配上咖啡或茶，現在已經進步到能籌備較複雜的活動了。寫到這裡，正好是威廉王子和凱特王妃皇室婚禮前夕，明天我要辦一個慶祝茶會，供應五種三明治、兩個蛋糕、各式美味小點心、Pimm's雞尾酒，以及茶會不可或缺的主角——茶。我請了外燴，因為沒時間一樣樣自己來。不親自準備食物並不可恥（廚藝不佳的人更是不用勉強自己），只要確保食物誘人食慾又分量充足就行了。

冷靜放鬆，最重要的是……樂在其中！

接待客人不必像瑪莎・史都華（Martha Stewart）一樣完美無缺，重點在於與賓客同樂，讓他們感覺受到歡迎。儘管「時尚夫人」和「波希米亞夫人」的晚宴風格截然不同，但她們都懂得用美食美酒熱情款待賓客，投入宴會的氣氛之中，讓派對順利進行。她們舉手投足之間的優雅，能夠讓你覺得置身在一個特別的場合。所以說，不論宴會席間發生什麼事情，只要保持正面樂觀的心情，微笑面對就沒問題了（就算有狗狗跳上餐桌吃掉馬鈴薯泥）。

用餐前酒暖場

在晚餐之前，「時尚家庭」總會聚在客廳用點餐前酒和小點心。餐前酒是餐前飲用的飲品（不一定含酒精），據說可以促進食慾。「時尚家庭」的餐前酒通常有威士忌、波特酒或番茄汁；波特酒或番茄汁用漂亮的小玻璃杯裝盛，威士忌則是盛在高球酒杯。「時尚家庭」從來不曾省略這項餐前傳統。

法國晚宴最討我喜歡的其中一部分，就是餐前酒的傳統。餐前酒不僅能開胃，還能讓我放鬆心情。我每次參加「時尚家庭」的晚宴都很緊張，尤其是剛到法國那陣子，我總是怕法文說得不好——文法正確嗎？聽得懂人家說什麼嗎？我的言行會不會失禮？相信我，一杯威士忌下肚後，這些憂慮全都拋到九霄雲外了。餐前酒讓我的神經舒緩下來，得以輕鬆享受美好的夜晚。我最愛的餐前酒是波特酒，威士忌則是炒熱氣氛的最佳選擇。到巴黎寄宿之前，我可以說是沒喝過威士忌。「時尚夫人」的兒子給了我人生中的第一杯威士忌，他好笑地看著我啜了第一口又不小心噴了出來。天啊，這玩意兒有夠烈的！偶而我會陪夫人喝番茄汁，免得她以為我是酒國女英豪。離開巴黎後，我再也沒喝過威士忌，不知如何，換了其他場合我就是不受它的誘惑。我對威士忌的美好回憶，將永留在「時尚夫人」富麗堂皇的客廳之中。

「波希米亞夫人」也很注重餐前酒，不過她的餐前酒傳統想當然爾很不一樣。賓客們會在布滿繽紛抱枕的沙發上就座，面前的矮咖啡桌上有一碗小點心（薯片或椒鹽脆餅），然後「波希米亞夫人」會拿出一個大碗，在所有賓客面前調製她的招牌香檳雞尾酒。若不是香檳雞尾酒就是馬丁尼蘭姆雞尾酒（rhum de Martinique），這個也很好喝。我們佐著小點心、雞尾酒和音樂盡興聊天，爵士樂在背景裡流淌。她的賓客都很有趣，從髮型師、藝術家到教師都有。

有時候「波希米亞夫人」會聊得太忘我，餐前酒喝了一個半小時以後才開始上晚餐，我們曾經等到晚上十點才開飯。身為加州人，我習慣早一點吃晚餐（據說能促進新陳代謝），所以等好不容易上了餐桌時，我常常是處於極度飢餓的微醺狀態，可是其他人似乎都不在意，我只好提醒自己入境隨俗吧！

波希米亞夫人的香檳雞尾酒

——一瓶香檳或氣泡酒

——二份調酒量杯（約八十九毫升）的柑曼怡香橙干邑甜酒（Grand Marnier）

——1/2杯的單糖漿（等量的水與糖煮沸後冷卻）

——三或四片萊姆切片（或切成半月狀）

——一個大潘趣（Punch）碗

把氣泡酒或香檳倒入潘趣碗中，加入柑曼怡香橙干邑甜酒和單糖漿，擠入萊姆汁，連皮一起放入酒碗更漂亮。這款冒著氣泡的雞尾酒，非常適合為歡樂的場合打開序幕。

波希米亞夫人的蘭姆雞尾酒

——馬丁尼蘭姆酒（Rhum Martinique）

——甘蔗糖漿

——些許檸檬汁

依個人喜好摻入上述材料，隨意調整酒精濃度、甜度或酸度。

出糗時的應對之道

我第一次參加「波希米亞夫人」的晚宴就失了言。當她在飯後端出優格當甜點時（這在法國很普遍），我想用法文誇獎法國優格比美國優格好，因為裡面的防腐劑比較少，可是我不知道防腐劑的法文怎麼說，所以就用英文發音（Preservatives），沒想到剛好與法文的保險套（Préservatifs）發音相同，結果說成「法國優格裡的保險套比較少」。話一說完，席上所有法國人不是表情奇怪，就是哄然大笑。

遇到這種情況時，最好幽默以對。我當下雖然羞窘，還是舉起酒杯說：「Santé（敬健康）！」然後跟著大家一起笑，成功脫了困。不過，還是提醒大家不要重蹈我的覆轍，跟法國人吃飯時，無論如何別用英文說「防腐劑」這個字。

設計別具特色的晚宴活動

「時尚夫人」和「波希米亞夫人」的晚宴各有千秋，同樣令人難以忘懷。每當我離開「時尚夫人」的晚宴（我說的「離開」是指回到房間休息），總覺得自己剛從一個非常上流、有品味的世界回到凡間，至於「波希米亞夫人」的晚宴則是洋溢歡樂，充滿藝術氣息。先決定你的宴會想讓客人留下什麼樣的印象，然後設計一個受客人喜愛、期待且會聯想到你的慣例活動吧！

音樂

不同的音樂可以為晚宴氛圍定下不同的基調；「波希米亞夫人」的晚宴用爵士樂再適合不過，而「時尚夫人」的晚宴除了古典音樂不做他想。我自己辦的晚宴或聚會喜歡放輕快的音樂，iTunes上面有很多不錯的合輯，其中有一張叫作《法國晚宴》（French Dinner Party）的專輯，特別有夜晚的氣氛，另外還有席尼・貝卻特（Sidney Bechet）的爵士專輯《小花》（Petite Fleur），非常適合輕鬆的晚宴或雞尾酒派對。

宴會上的音樂最好與食物類型相輔相成。某個星期天下午，我和先生邀請一位英國朋友來家裡烤肉，大家一起在戶外享用烤牛肉、青豆、烤洋芋和約克夏布丁。我選了一張騷莎曲風的專輯，因為我覺得它輕快的節奏很適合炎熱的加州午後。結果客人誇獎完食物的美味後，接著卻說他覺得自己很像是「在南美洲吃英式烤肉」。這當然不是我的本意，因此現在我會盡量配合菜色來選擇音樂。

如果在家舉辦重要的大型宴會，還有個更好的點子，就是徵求擅長音樂的朋友在飯後來場即興表演。大家端著咖啡或餐後酒群聚在鋼琴邊合唱，不是很有趣嗎？或許還能找一位朋友拉小提琴，另一位朋友演唱，給賓客一個迷人的意外之喜。但要記得拿捏時間，表演以簡短、溫馨為上策，免得某些賓客覺得冗長乏味。

詩歌

在亞歷山大・梅可・史密斯的《蘇格蘭街44號》（44 Scotland Street）系列小說中，每一篇故事都以晚宴結尾，而晚宴的尾聲總是由書中人物安格斯・羅迪（Angus Lordie）朗誦一首詩歌。我很喜歡這種安排。初時你可以請賓客各自準備喜歡的詩，然後在飯後或吃甜點時輪流誦讀。大家可能會有點不好意思，不過這真的很有趣，或許「詩歌晚宴」可以成為你的晚宴傳統和特色。

生蠔派對

有一天男友來電，告訴我「波希米亞夫人」要給我們一個驚喜，邀我當天晚上去她家吃飯。我滿心好奇又盛情難卻，於是搭了四十分鐘的火車從十六區跋涉到夫人的家，一邊猜想著是什麼樣的驚喜，一邊爬著那要命的無盡樓梯。

答案揭曉，原來夫人剛從布列塔尼半島買了一整箱新鮮的牡蠣！我興奮得差點暈倒。我知道現在很多人不喜歡牡蠣，但我可是牡蠣的忠貞愛好者。Mon Dieu（上帝）！我愛死牡蠣了！而且我從未見過那麼多牡蠣。我殷勤地幫忙擺桌，大夥兒一邊聽音樂一邊剝牡蠣殼，開了一瓶香檳，然後坐下來舉案大嚼。

光是「美味」還不足以形容那頓生蠔大餐！生蠔佐上木犀草醬(15)、新鮮奶油和大片脆法國麵包，那滋味簡直是天堂！逗留在舌尖的香檳氣泡，更是讓我幸福到了極點。最後我們還吃了卡門貝爾和夫人招牌的無麵粉巧克力蛋糕。

（註15：以紅酒醋、黑辣椒末和一些切得很精細的蔥調製而成的沾醬。）

那天晚宴的菜色雖然簡單，卻是我吃過最棒的大餐之一。我數不清那天到底吃了多少生蠔，我只覺得自己像是莫里哀《貴人迷》故事中的女主角。像這樣奢侈地寵愛自己，真是太美好了！

起司派對

有一天晚上，「波希米亞夫人」邀請我們參加她的鄰居舉辦的起司派對。雖然滿頭霧水，我們還是應邀前往，暗自猜想起司派對或許就是用起司盤盛上切達乳酪和小餅乾，再配上紅酒的派對。夫人的鄰居家位於頂樓，只有一個臥房，小巧可愛又帶點波希米亞風（果真是同類相吸）。除了主人家、夫人以及我和男友之外，其餘賓客並不算多，大家聚在小小的公寓裡，聽著輕快的音樂，氣氛很活潑。

前菜是沙拉和雞肝。雞肝讓我有點噁心，我以前沒吃過，但因為不想得罪女主人，所以還是吃光了（不難吃，可是還是噁心）。接下來起司盤登場了，上面有十二種不同的起司，大部分我都沒聽過。它們都很美味，味道刺鼻但滋味濃郁，配著棍子麵包片，還吃了蛋糕。當然，整晚都有源源不絕的紅酒。

起司派對是個好主意，可是當天晚上最有趣的部分並不在於起司。女主人就像我認識的所有巴黎人一樣熱情好客，不過她似乎有點健康問題，導致她不停排放氣體。如果她不是身體有問題無法控制，要不就是明知道自己在放屁（而且是響屁）卻不在乎，也或許是她年紀太大，根本沒注意到。總之，女主人當天晚上不斷放響亮的屁，可是大家都神色如常，好像沒人發現也沒人在意。她放的屁之大聲，就像房間裡出現大象一樣難以忽略。奇妙的是，女主人的女兒也一副沒事人的樣子，也沒有把我們拉到旁邊解釋。

我得承認我幼稚，但是我真的很想笑——不是笑她，而是純粹覺得派對女主人放屁放不停實在太荒謬了。我與男友只敢斜著眼睛互看，就怕四目相接會忍不住大笑出來。女主人完全沒發現我們想笑，她只是滿懷熱情，興致勃勃地想要向美國來的年輕人介紹美味的起司。

派對結束後，我回到家躺在床上想起這位女主人，又想起大多數的人出席社交聚會的時候，老是把心思放在自己身上——牙齒上有菠菜渣嗎？剛剛拍的照片有沒有把我拍醜了？我有說錯話嗎？雖然她整場晚宴頻頻放屁，可是她的熱情、魅力和社交手腕早就贏得了我們的心。當眾放屁那麼丟臉，她竟然毫無自覺，而且派對依然成功！相比之下，我又有什麼做不到的呢？換作是我，對著餐桌放屁肯定是場惡夢，可是她放了整晚的屁，客人還是那麼喜歡她！她這樣都能當個大家都喜歡的女主人，我一定也行。

結語

試著邀請朋友來家裡作客吧！讓你的餐桌多點樂趣，成為親朋好友的溫暖記憶。別再擔心一個完美的女主人該做什麼，總之做就對了。勤能補拙，唯有不斷練習才能進步。

Review 15 重點複習

1） 居家招待最重要的就是當個自信的女主人，這樣才能讓客人賓至如歸。沒有自信的時候，用裝的也要裝出來，習慣就會成自然。

2） 花點心思打扮自己的儀容。

3） 做你的拿手菜。簡單卻美味的餐點，遠勝於良莠不齊的大餐（而且也不必把自己搞得那麼累）。

4） 出錯的時候保持冷靜，幽默以對。

5） 餐前酒這個好傳統不應該荒廢，設計你的獨家特調吧（有沒有酒精都可以）。

6） 做了什麼丟臉的事，一笑置之就好了。誰沒出過糗呢？

7） 用心挑選音樂，讓你的晚宴更令人難以忘懷。

8） 最後一點還用說嗎？別忘了開心享受！要是你玩得不開心，那不就白費功夫了嗎？

Lesson 16

拒絕新唯物主義

REJECT THE NEW MATERIALISM

第一次從巴黎的交換學生輔導員那裡聽說未來的寄宿家庭時，簡直是驚喜交加。「時尚家庭」是個備受尊敬的貴族世家，在炙手可熱的巴黎十六區擁有一間公寓，在布列塔尼也有度假屋，而我將與「時尚先生」、「時尚夫人」以及他們二十三歲的兒子一同生活。夫人之所以歡迎外國來的交換學生，其中一個主要的原因是其他孩子都已長大離巢，而她喜歡家裡熱鬧一點，再者他們對外國文化很有興趣。輔導員還說，我是被分配到了比較富裕的寄宿家庭。

我滿懷期待，「時尚家庭」聽起來很適合我，我也喜歡物質優裕的生活，肯定會很合拍！我搭上計程車，一路幻想夢幻新家是什麼樣子——蓬鬆的沙發、平面電視、附大理石浴室的獨立房間、先進的廚房。我任由想像力無限奔馳。

看到這裡，你也該知道「時尚家庭」的公寓與我幻想的非常不一樣。它確實很漂亮沒錯，但並不如我想像中的簇新奢華。

我第一個念頭是，「時尚家庭」的經濟狀況大不如前了，可是細想他們家的地段，屋子裡充斥的漂亮（且顯然要價不菲）古董，室內空間寬敞豪華，唯一可能的結論就是，他們家從以前到現在都是這樣，他們並不想改變。法國人並不著迷於所謂的「新唯物主義」，他們不是消費購物狂，不會飢渴地尋找新玩意兒，升級新設備，或是跟隨新流行（這也是法國人家裡不顯得雜亂的原因）。

「時尚家庭」一點都沒有想要跟別人較勁的意識。舉例來說，他們家三個人只開一台車，而且那台車非常低調不起眼，錢都花在他們覺得更重要的地方，像是優質的食物、美味的葡萄酒和品質精良的衣物。

我既驚訝「時尚家庭」絲毫不受新唯物主義潮流的影響，又佩服他們對物質慾望有所節制。量入而出、不役於物，這才是真正的「富裕」。

不論有錢沒錢，節省都是件好事，一方面有助於環保（少買一點可以減少許多垃圾），一方面省下收納困擾（不必疲於挪出空間收納新的戰利品），最重要的是，你的存款數字會變得更可觀（存下來的錢可以做很多事）。再從心理學的角度來說，別花那麼多心思購物，才有餘力思索更有意義的事情。

日常採購

觀察「時尚家庭」如何不浪費地（買時髦的車、高科技廚具和多功能娛樂系統）享受高品質的生活，是件很有趣的事。相信大家也很好奇他們日常的採買習慣吧？就以「時尚夫人」上菸草店購物來說，她絕對不會原本只打算買一樣東西，最後卻失控買了十樣回家。

這種事想必很多人都幹過，我就曾經因為洗髮精用完而去藥妝店採買，結果除了洗髮精之外，還買了口香糖、髮帶、新的指甲油、巧克力棒、八卦週刊、止痛藥、室內拖鞋、免洗護髮素、三款不一樣的唇膏，以及一頂遮陽帽。我原本只打算買六點九九美元的商品，最後卻花了六十九點九九美元。怎麼會這樣！我簡直像購物狂附身，失心瘋亂買一通。

記得下次上街買東西的時候，控制自己什麼該買什麼不該買。我喜歡事前擬妥購物清單，這真的可以幫助我在採買時堅定心智不超支。當然啦，不只是購物可以擬清單，有很多雜事要處理時，我也習慣先擬好清單，像底下這樣：

——取乾洗衣物
——買洗髮精（只有洗髮精！）
——買萵苣、蘋果和牛奶
——買半磅特級咖啡

購物清單讓我不會失控地採買，可是即使有了清單，對於我們這些不曾在購物上設限的人來說，要控制每日開銷當真需要龐大的自制力。每天帶著現金出門買東西，要比用金融卡或信用卡安全得多，因為這樣你才感覺得到自己花了（通常是亂花）多少錢。

還有一個好方法，那就是每週記一次帳，寫下你買的每一樣東西：每天一杯的拿鐵、郵票、午餐、去光水、衣服等等，不管多零碎，每一筆都要記帳。你很有可能會跟我一樣，驚訝地發現自己每週花了多少錢在這些小東西上。即使用過就丟的東西，只要記了帳，就能知道自己亂花了多少錢，製造了多少垃圾。我以前天天上連鎖咖啡店買飲料，我不喝簡單的美式咖啡，只喝花式冷飲。但是自從我記帳以後，才驚覺自己有多浪費。現在我大多在家裡自己弄飲料來喝，或是用保溫杯帶出門。

想想看，只要稍微控制日常的花用，日積月累下來，一年可以省下多少錢啊！這筆錢可以投入你的退休基金，或是拿來度假。另一方面，少了這些非必要的日用品，家裡也會變得更整潔清爽。

衣物

如果你已經開始奉行「十件精品衣櫥」的原則，想必已經感受到不盲目跟隨流行的好處與自由了吧？還在當時尚奴隸的人，請回頭重讀〈貴精不貴多：十件精品衣櫥〉一章。

我前面說過了，買衣服這件事也是我的死穴。一件兩百美元的洋裝我可以說買就買，可是一籃三美元的有機草莓卻要考慮個半天。幸好自從換了小衣櫥之後，這種症狀減輕許多，只是三不五時還是會失心瘋地想買衣服。

沒有特定要買的衣服，就不要踏進店內，這是抵抗購物慾望的好方法。有一次我要到市場採購一週分量的新鮮有機蔬果，那裡剛好是個大型購物商圈。我本來只想買菜，可是走著走著就經過我最喜歡的其中一家服飾店的櫥窗，裏頭展示了一件非常漂亮的上衣。我停下腳步，望著櫥窗裡的衣服，低頭看了一眼女兒（不知道是不是我想太多，總覺得她的眼神像是在說：「媽咪，不可以！」）旋即望向不遠處的菜市場，心想菜市場又不會跑掉，我進去店裡瞄一下就好。

結果當然不是瞄一下那麼簡單，不知不覺我就試穿了六件衣服，最後買了那件上衣。那是一件能與夏季衣物完美搭配的白色基本款上衣，我知道它很實穿，卻還是有點氣自己又多買了一件衣服——雖然它很搭其他衣物，但也不到非買不可的地步。那一天，我多花了一大筆不必要的錢。

這個故事給我們的教訓就是，如果你的小衣櫥不缺特定的衣服，一步都別踏進店內，不要測試自己抵抗誘惑的意志力。

一則有關愛面子的警世故事

某個下午，我和班（我的先生）開車去比佛利山莊購物，順便吃午餐。這是班的年度採購之行——他一年只買一兩次衣服，天生就懂得貴精不貴多。除了牛仔褲之外，他沒有休閒長褲，他想買好一點的工作褲，於是我們就出發了。剛下車沒多久，我們就在布萊頓路上經過Brunello Cucinelli精品店，我看到櫥窗裡的模特兒穿一條輕薄的海軍藍棉質工作褲，直筒的版型合身又不顯臃腫，正是他要找的褲子。立刻拉住班，指給他看那條褲子，然後兩人就走進店裡。

那是我們第一次踏進那家精品店，不能不說，裡面真的很棒。做工設計一流的美麗衣物漂亮地展示出來，店員幹練又有禮貌（這年頭不多見了）。班一說想試穿櫥窗裡的那條長褲，就有個二十出頭的男店員殷勤地取出褲子並放到更衣室。等待的空檔我逛了逛女裝，注意到所有商品都沒有價錢標籤（這時就應該有警覺心了），可是我沒多想，只等著班從更衣室出來。店員看我閒著，倒了一杯礦泉水給我，我心想服務真是周到啊，在比佛利山莊購物真是太享受了！

看到班走出更衣室，我歡呼了一聲，那條褲子穿在他身上真好看。他個子頗高，不太容易找到合身的衣服。他也說喜歡這條褲子，我們一致同意非買不可。店員露出笑容靠了過來，班又問有沒有別的顏色，店員回答有，就在班要打包其他顏色之前（我知道他正要開口），我福至心靈搶先詢問褲子的價錢。我知道這條褲子一定不便宜，因為它是名牌，可是說實在的，只不過是條工作褲，能貴到哪裡去，沒想到店員回答：「這條褲子要美金六百一十元。」

一陣長長的沉默。我先生僵住了，當下就算用一根羽毛也能擊倒他。我開了個玩笑說我們用不著其他顏色（各位也知道，我一尷尬就會想搞笑）。我們在驚嚇之中緩緩地走向收銀機付錢，很難置信吧？我們真的咬牙買了那條工作褲，只因為嚇傻了又愛面子這兩種不幸的心態交織在一起，之所以嚇傻，是因為那條休閒工作褲的價錢足以買一件大衣、一個包包、一條西裝褲或一件很好的洋裝，而又愛面子，沒勇氣坦承它超出預算後離開。

我把這件事告訴善於精打細算的朋友茱莉亞，她說就算再愛面子，她也不會花六百一十美元買一條工作褲，直取笑我們失心瘋，我卻無法反駁——我們的確是因為愛面子而暫時性失心瘋，把理智全拋到腦外。

這條褲子並不至於害我們破產，卻給了我們一個對於「愛面子」和「新唯物主義」的寶貴教訓。雖然我們事後能夠拿這件事來開玩笑（我叫他這輩子每天都得穿這條褲子才划算），當時可是心痛到笑不出來。總之，不論你的經濟狀況如何，都不要為了愛面子而勉強購買任何東西。當店員頻頻施壓或是價錢超出你的預算時，只要說：「這個不適合我，我不需要，謝謝。」然後轉身離開就行了。

住家

常言道：「知足長樂。」所謂的幸福不是得你所想，而是想你所得。當你想要改建或修繕住家時，記住這個道理可以幫助你不受新唯物主義所動搖。

並不是說你不能改建修繕住家或添購新家具，只是要提醒大家，不要過度沉迷。想想看，五萬美元的頂級廚房真的有必要嗎？如果你熱愛烹飪且花得起這筆錢，又覺得這能讓房產增值，自然另當別論，但如果要為此欠債或縮衣節食好一陣子，那真的沒有必要。

全家共用一間浴室聽起來很可怕，可是「時尚家庭」只有一間浴室還是過得很快樂；他們滿足於自己所擁有的一切。所以說，與其老是在意家裡的浴室該改建，老家具或過時電視該換新，還不如學會知足，或是想辦法在不超支、不欠債的情況下逐步進行翻新。不要浪費，花一點巧思：用新抱枕裝飾無趣的沙發；為老舊的浴室換上蓬鬆的白色大毛巾，創造SPA的氣氛；舊電視將就著繼續看（或許少看一點電視更好）。滿足於現狀，把裝潢的功夫省下來做其他更有意義的事，豈不是更好？

抗拒新唯物主義的妙方

來分析一下自己的購物習慣吧！你是否常覺得手邊的東西不夠好，想要買更新更好的？花很多時間購物（包括實體商店和線上購物）嗎？買東西是你的生活重心嗎？購物會讓你心情大好嗎？你有欠債嗎？如果你有這些症狀，或許該開始控制你內心的購物狂了。一有購物衝動的時候，不妨靠閱讀、料理或散步來轉移心思。與其整個週六下午泡在百貨公司裡，不如上博物館看展覽。試試看你能不能一個禮拜都不買東西（日常必需品除外）。

購物頻率下降，購物欲望也會隨之降低。當你開始把空閒時間拿來做別的事（例如動筆寫一本你一直很想寫的書），就會覺得逛街買東西很浪費時間。倒也不是說你從此以後會喪失購物的樂趣，週三下午休個假和姊妹淘吃頓午餐逛個街，永遠是令人心情愉悅的調劑，只不過買東西將不再是你的生活重心。

學習「時尚家庭」的心態，珍惜你所擁有的東西，你的生命將會變得更充實，首先這會反映在你的銀行帳戶數字上，其次你會領略到知足常樂所帶來的心靈富足。

Review

16

重點複習

1） 事前擬好購物清單以免亂買。買日用品一律用現金付費。

2） 奉行十件精品衣櫥的原則，不買多餘衣物。

3） 不要被售貨員影響。堅定你的意志，不要為了愛面子而當冤大頭。

4） 珍惜你所擁有的東西。

5） 花大錢購物之前先冷靜幾天，幾天過後再想想你是否還要那樣東西。

6） 經濟能力許可的情況下，再來翻新居家。

7） 分析自己的購物習慣，並從原有的東西挖掘出新的樂趣。

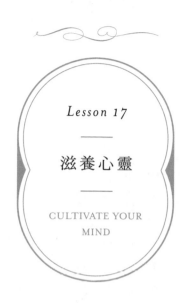

Lesson 17

滋養心靈

CULTIVATE YOUR MIND

法國人相當看重一個人的智識，他們喜歡聽別人說話，並期望對方說的話切合要旨、有趣且精闢。在法國寄宿求學的那段期間，我第一次遠離了平常愛看的電視節目和八卦雜誌等沒營養的娛樂內容，改把時間花在逛博物館、閱讀、與同學討論人生哲理上面。有史以來我第一次接觸那麼多的藝文活動，心靈像被洗滌過一樣，感覺清新振奮。

我的美國同學們也有同感。我們忙著四處探險、學習新事物和體驗人生。我們的生活變了，聊的事情也不一樣了；我們不再閒聊名人的八卦或最新實境節目的進展，而是討論更有意義的主題。

發生在我們身上的知識復興，並不光是因為我們正處於求學階段。我們在加州的時候也同樣是學生，可是卻沉迷於電視、八卦雜誌和無聊的流行樂曲。我們的智識成長的真正原因在於，我們融入了法國文化；法國人既不迷戀名人，也不推崇消費主義，因而使得無腦的娛樂內容缺乏立足之地。打個比方，你絕對不會看到「時尚夫人」賴在扶手椅上看電視節目，或是無意識地翻閱八卦週刊。我甚至沒有印象見過她看電視，想當然她也不會閱讀任何八卦雜誌。

擁有美麗的外表確實對人生有所幫助，可是空有一張漂亮臉蛋，在法國不見得吃香。事實上，比起好看卻無腦的女人，不那麼好看但談吐有物女人在法國更受歡迎。

在美國，要是想找人聊哲學、古典音樂或詩歌這些知識或藝術方面的話題，免不了被人家恥笑「做作」，但在法國，大家自然而然就會聊這些東西，我就常在「波希米亞夫人」的晚宴上被問到這些問題。他們沒問我從哪裡來，反而先問我最近讀了什麼書。

回到美國之後，我發現很難繼續維持在法國的那種知識分子生活，這裡的誘惑實在太多了。不過很多事情都是這樣的，我們必須先認識自己的弱點，然後才能對症下藥。

以下提供一些有助於滋養心靈的方法。

閱讀

盡可能多讀書。我每週都讀一至兩本書。閱讀有助於保持頭腦靈活，讓你的用字遣詞更精闢，想像力更豐富，收穫遠比看電視來得多（後面會更詳細說明）。養成閱讀習慣後，你會發現自己欲罷不能。很多人小時候熱愛讀書，現在卻只有去沙灘玩才帶本書去打發時間。何不立刻清掉書架上的灰塵，重溫拾卷的樂趣呢？

白天沒時間讀書也別擔心，方法有得是。有聲書是個很好的選擇，很適合在通勤、打掃或運動這些無聊的時候聽。我個人特愛古典推理小說，車上就放了一疊阿嘉莎·克莉絲蒂的有聲書。我開車的時候通常不聽音樂而是聽有聲書，感覺時間沒那麼漫長。不過請注意安全，聽到特別懸疑的段落時，可別誤踩油門啊！

包包裡放一本書，是白天偷時間讀書的另一個好方法；例如在牙醫診所候診、上美容院做腳指甲，或是到附近餐廳外帶食物的空檔，都可以把書抽出來讀。很多人會翻閱雜誌或滑手機來殺時間，而我則是隨身帶一台Kindle。這種輕巧的電子書閱讀器易於攜帶，不管是做頭髮、買午餐（我獨自一人的時候就會外食）或去按摩候位的時候，都可以抽空讀一點書（最近到處都看得到有人拿著電子裝置看書，我真不敢想像沒有這些高科技玩意的日子怎麼過）。我也喜歡在睡前看一點書。躺在床上好書在手，真是說不出的愜意。

未免在社交場合被問到「最近讀了什麼好書」時無言以對，最好記住自己讀過哪些有趣的書。不妨在你的閱讀清單中加幾本平常不讀的書，像是詩集或哲學類的書。藉由閱讀滋養心靈，下一場晚宴，你就是最言之有物的客人！

看報紙

我們家訂了《金融時報》和《洛杉磯時報》的週末版。我喜歡印刷好的報紙，因為上面除了新聞，還有其他引人深思的社論，看電子報的話很容易錯過這些。網路上的陷阱太多——本來想看CNN.com的頭條，結果卻連到娛樂網站研究某青少年偶像跟誰分手的消息，一個小時過去後，依然一無所得。

看電影

試著少看幾部好萊塢暢銷片，多看幾部獨立製片和其他外國電影吧。大部分的主流商業片我都看不太下去了。時間如此珍貴，我可不想浪費兩個半小時看那些暴力和爆破場面，通常上電影院，我只喜歡看情節有趣的獨立製片，你可以先找報紙或網路上的電影評論再決定。如果你家附近有放映獨立製片電影的戲院，經過的時候可以記下幾部即將上映的戲名，以免日後失之交臂。

經典電影也不容錯過。許多郵購影碟公司存有豐富的老電影，可以立刻下載或寄到你家。我每個月至少會重溫一部好萊塢黃金時期的經典電影，希區考克是我的最愛。

參加藝文活動

關注附近的博物館有何最新展覽；欣賞舞台劇、芭蕾和歌劇；定期聽演奏會或演唱會，學習你不熟悉的音樂類型。如果你喜歡古典音樂，可以鑽研其中的小夜曲形式，或是閱讀最喜歡的編曲家的傳記（我最喜歡的作曲家是蕭邦），更深入欣賞他或她的作品。總之，滋養你的藝術心靈吧！

豐富用語字彙

在網路上找個「每日一字」的網誌來訂閱。我每天一早打開電腦，就會在首頁上看到當天的新字，我因此學了更多字彙，不會動不動就說「像是（like）」（這就是在南加州長大的壞習慣啊）。

將你學到的新字應用在日常對話之中，如果有人說你裝模作樣，只要回以蒙娜麗莎式的曖昧微笑就行了。不要因為怕被說做作，而刻意使用鄙言俚語。話不投機半句多，不需要跟那種人浪費唇舌。

少看電視

電視看得越少，你就越不會想要看電視。我在法國的六個月間，大概只看了四小時的電視，但卻一點也不懷念，因為每天的生活就夠刺激了，可是一回到美國就又故態復萌，有好幾年我每天都看幾個小時的電視！我感覺不快樂，很空虛，書也肯定讀得不夠多。就像沙發馬鈴薯一樣，我經常窩在家裡，總之感覺很不好。

後來我決定「有節制」地看電視，現在一個禮拜只看幾個小時而已，感覺剛剛好。別誤會，我還是有愛看的電視節目（說出來有點丟臉，請容我保密），只不過數量從六個減少到一兩個，而我從這寥寥幾個罪惡卻娛樂性十足的節目獲得了更多樂趣。現在我花更多時間閱讀、寫作和散步，生活變得更快樂。

如果你總是忍不住想看電視，建議你重新調整客廳的家具，把環境布置得更適合聊天而非看電視。你可以把面對電視的椅子換個方向，讓壁爐或某件藝術品成為客廳的中心，電視淪為配角，這樣應該能激發你與家人或訪客聊天的興致。

旅行

行萬里路勝讀萬卷書。盡可能多旅行，觀察不同的文化，拓展你的眼界（看看我在巴黎學到了多少東西！）別只去那些觀光景點走馬看花，最好來趟深度之旅，融入當地文化，交一些在地的朋友，尋訪巷子裡的隱藏美食，接觸當地作家和藝術家的作品。

另外，不妨事先調查好要去的地方有什麼特別的習俗，雖然不見得一定會鬧笑話，不過謹慎一點總是好事。

我在巴黎某天一早醒來發現自己得了重感冒，感覺很不舒服，身體發冷，頭腦發熱。我沒去上課，躺在床上休息。「時尚夫人」很體貼地照顧我，幫我準備了摻檸檬的熱水和一碗法式清湯。她怕我發燒，所以順便帶了溫度計給我量體溫。我道了聲謝便把溫度計含入嘴裡，豈料夫人臉色瞬間大變，雙手狂搖，急得說不出話來。

「怎麼了？」我嘴裡含著溫度計問道。

「珍妮佛！錯了，錯了！」她雙手繼續亂揮，只說得出這句話來。我從沒見過夫人那麼失控，可見事態一定很嚴重。

「怎麼了？」我趕緊追問，心想夫人是不是也不舒服。

「那個溫度計……」她又驚又急地說：「不是放嘴裡的！那是放……」接著她很抱歉地指了指屁股。

不消說，我立刻把溫度計吐了出來，比在凱旋門下的巴黎人還要匆忙。夫人這時忍俊不住放聲大笑，而我當下可是一點兒都笑不出來，畢竟我才剛把人家肛門用的溫度計放到嘴巴裡。那天稍晚我才恢復心情，幽默看待這件糗事。

只要大家別重蹈我的覆轍，我的犧牲也算是值得了。下次去巴黎要用溫度計的時候，請千萬弄清楚該放哪裡！

學習・進修

不必是全職學生也能學習。這世上充滿許多值得學習的事物——新的語言、樂器或技能。學無止境，活到老學到老，勇敢去上課吧！我從十七、八歲到二十歲出頭是個女演員，演了很多舞台劇，還加入旅行社的莎士比亞兒童劇團，並且抽空獨立製作戲劇。在我的演員生涯中，我不斷上表演課來磨練自己的演技。接近三十歲時，我開始想要寫作，那是我小時候的志向，但因為諸多原因而從未上過寫作課。我懷著緊張的心情，到洛杉磯寫作訓練班註冊了一堂叫作「九十天寫好小說」的課程。我當時忐忑不安地走進教室，害怕其他人都是專業作家或經驗豐富的寫手，像我這樣的菜鳥根本混不下去。就在我差點打退堂鼓之際，心裡的某個聲音阻止了我（或許已經預繳三個月的學費也有點關係）。事後證明，上那堂課是我這輩子做過最明智的決定之一。除了學到寫作技巧並養成每天寫作的習慣之外，我還因此認識了一些寫作同好，交到許多好友。如果沒上那堂課，我可能永遠也寫不出這本書！

推自己一把吧。面對未知的事物難免心生畏懼，可是一成不變的日子更令人厭煩。想讓生活更豐富？編劇、劇本寫作、創意寫作、表演、即興演說、繪畫、鋼琴、烹飪、電影賞析、藝術賞析、品酒鑑賞、空手道、氣功、騎馬、法文……這些有趣的課程，絕對值得一試！

Review 17
重點複習

1） 別放棄吸收新知。每天動動你的小腦袋。

2） 多多閱讀或聆聽電子書。

3） 情節千篇一律的好萊塢暢銷電影看膩了嗎？換個新口味，去找獨立製片和外國的電影來看吧。

4） 訂閱有特別社論或文章的報紙。

5） 積極參與你感興趣的藝文領域。

6） 拓展自己的詞彙，找個「每日一字」網誌來訂閱。試著將你學到的新字應用在日常對話中。

7） 少看電視。越少看電視，越不會想要看電視。

8） 盡可能多旅行，挑戰你不熟悉的地方（但也要注重安全）並學習新文化。

9） 活到老學到老，鼓起勇氣去上堂課，你的人生可能因此大有改變。

Lesson 18

尋找
單純的快樂

FIND SIMPLE PLEASURES

電影《艾蜜莉的異想世界》一開場，旁白一邊介紹劇中的角色，一邊點出他們每天生活都樂在其中的單純的快樂——艾蜜莉喜歡上市場時把手指插進穀物袋裡，在聖馬丁運河（Canal Saint-Martin）打水漂，用湯匙敲破烤布蕾表面的焦糖脆片；她父親喜歡清理工具箱和撕牆紙；母親喜歡保養皮包，還有穿著拖鞋滑過地板。雖然他們的嗜好有點古怪好笑，但由此可見，法國人是如何從生活中微不足道的小事獲得樂趣。

如同艾蜜莉的家庭，「時

尚家庭」也從微小的事物中獲得幸福。「時尚夫人」的樂趣包括聽著廣播做早餐，把草莓整齊地排在草莓派上，早上打電話跟朋友交換鄰居間的最新消息；「時尚先生」的嗜好是抽菸斗，每晚品嘗一片起司之王卡門貝爾；他們放假時，總喜歡去布列塔尼的度假屋。

「時尚家庭」的快樂看似簡單又重複，但他們卻日復一日樂此不疲。夫人不會抱怨：「又來了，為什麼我每天都要做全家的早餐！」先生也不會暗自不高興：「又吃卡門貝爾！不能換個口味嗎？」他們以正面的態度品味生活中重複的細節，一家人的感情因此和樂融融。

懂得從平凡的事物中尋求幸福，或許正是通往快樂人生的關鍵。放慢腳步，體驗微小簡單的樂趣，你將更容易獲得身心靈的平衡滿足，遠離瘋狂購物和暴飲暴食的壞習慣，而且還可能因此更懂得活在當下，珍惜與家人相處的時光。

當然，抱持正面的態度很重要，就像我的好友羅米，不論在什麼情況下都超級樂觀，不過我說的是指超越正面思考的層次；它是要更進一步地投入並享受生活的每個片刻，你必須發揮幽默感、懂得知足、放開心胸，隨時準備好迎接各種狀況——上菜市場看到克萊門氏小柑橘時，品嗅它的香味；在電梯裡遇到英俊的男子，閉上眼睛偷聞他身上的古龍水味道；看到路邊盛開的粉紅色玫瑰，無視於旁人的眼光大方駐足欣賞嗅聞。

薛西弗斯的巨石

吃水果塔、聞玫瑰花這種事情本來就很愉快，要從中感受到樂趣一點都不難，可是如果是永無止盡又索然無味的日常雜事，又該如何保持愉快的心情，不讓自己陷入薛西弗斯的悲劇呢？

薛西弗斯是希臘神話中的一位國王，他被懲罰將一塊巨石推上山頂，可是每次快到山頂時，巨石又會滾下山，他只能永無止境地重複這個勞動工作。我在高中拉丁文課讀到這個故事時，心裡非常同情可憐的老薛西弗斯，後來讀到亞歷山大・梅可・史密斯的《失落的感恩藝術》（The Lost Art of Gratitude），書中主角伊莎貝兒又提到了這位神話人物。她認為某種程度而言，我們無一不是薛西弗斯——我們每晚清好廚房，隔天吃完早餐又是一團亂；每天處理完桌上的文件，下班前又再度堆積如山。

清空洗碗機、洗衣服，還有文書處理，是我所背負的薛西弗斯巨石。這些工作不只枯燥乏味，而且每當好不容易快做完了，轉眼間又會生出一堆新的。

我相信關鍵在於去享受這個過程，以及去欣賞這些工作的循環性質。即使是從洗碗機取出碗盤、洗曬衣物或處理文件，當中一定有一些微小的樂趣。正所謂「凡事往正面看」，早上趁全家人起床前清空洗碗機，不也正是難得的獨處時光嗎？不必照顧小孩和伴侶的需求。當然，你還是得彎腰取出碗盤，放好玻璃杯，但你可以一邊感受穿透玻璃窗的晨光、剛煮好的茶香的溫馨氣氛，或許家裡的狗狗還會睡眼惺忪地給妳作伴。這樣你懂我的意思了吧？

「時尚夫人」真心喜歡她的每日例行工作。她每天早上上班前都要先為家人做早餐，所以凌晨五點半就得起床！她會穿上漂亮的晨袍和拖鞋，打開收音機聽晨間廣播，煮好家人的咖啡並泡好自己要喝的茶，再把自製果醬端上桌，然後與丈夫一起聊天吃早餐。等到我起床（當然比她晚得多），她已經穿好衣服準備去上班了。她從未抱怨自己得早起做早餐，每天重複這些家事，依然樂在其中。當你學會從平凡瑣事之中尋求樂趣，這些永無止境的重複勞務也不再那麼令人生畏。

三天兩頭上市場買菜，可能是你最苦惱的差事，這又讓我想起艾蜜莉在市場裡快活地把手指插入穀物袋裡，或許我們也能找到類似（但比較衛生）的樂趣，像是嗅聞草莓的香氣，找出最甜美的草莓；或是仔細研究乳製品櫃裡的歐洲起司。如果非上市場不可，何不把苦事變成樂事呢？

說穿了，我們每一天都免不了要做一些無聊的事情，與其心不甘情不願妄想逃脫，還不如從中挖掘出樂趣。

善用感官

我在巴黎上過一門品酒課，因為我覺得品酒是個很實用的技能，起碼在餐廳喝葡萄酒時分得出好壞，不會一副沒見過世面的蠢樣。

第一次聽講師說明品酒的基本步驟時——嗅聞葡萄酒、搖晃酒杯、品嘗葡萄酒——還暗自擔心這一連串的動作會太裝模作樣（我真的很怕被說做作！）我們幾個學員拿起酒杯開始照做，忸怩地咯咯偷笑。接著，講師要我們描述自己嘗到哪些味道：黑莓、香草、麝香、橡木等等，什麼奇怪的味道都有。整堂課大家都很開心，但我事後陷入深思，使用感官、品嘗味道、注重品質、從簡單的事物獲得無窮的快樂，正是法式生活的縮影。

到了巴黎，我才學會品酒、欣賞香水、細嚼慢嚥三個小時的晚餐、分辨不同種類起司的細微差異、全神貫注地聆聽並享受音樂。巴黎讓我的感官活了過來，以前在美國沒注意過的事物，現在卻能從中獲得許多樂趣。

我之所以能有這些感官體會，背後也有一些因素。我當時還是大學生，身上沒什麼責任，既沒有帳單要付，也沒有工作壓力。我還年輕，一心想要冒險，而全世界最美麗浪漫的城市就在我的腳下，無怪乎走到哪裡都感覺春風滿面，不論看到什麼都樂於嘗試。誰能怪我過得那麼有聲有色有滋有味呢？

然而，離開巴黎後，我原本豐富的感官生活又歸於平淡。我不敢冒險，出於習慣老是吃一樣的東西，用一樣的沐浴乳牌子，吃不出也聞不出什麼味道，音樂只聽廣播放的流行樂，廣告空檔才換台。基本上，我放棄了在巴黎領略過的感官快樂。我人不在巴黎，這是很自然的結果，更何況我的生活有了巨大的變化——剛從大學畢業，必須找工作負擔自己的生計——哪有心情在咖啡廳或花園裡閒晃，享受人生呢！不過幸好這種狀況沒維持太久，我就發現不對勁了，並以海明威說過的至理名言「巴黎是流動的饗宴」來提醒自己，我在巴黎獲得的單純的快樂，沒道理不能在其他地方或在別的狀況下維持下去。

我發現，生活裡感受不到單純的快樂時，最好的辦法就是使用感官。不需要特地去國外浪漫的城市尋求，不論是在辦公室工作一整天，或是帶孩子去公園玩，也不論你正漫步在巴黎的鵝卵石街道，或在紐約人潮洶湧的人行道上左躲右閃，生活中隨時隨處都存在著感官饗宴，要如何領略，全憑你自己做主。

就拿討人厭的禮拜一來模擬，早晨鬧鐘一響，代表週末的歡樂時光已然結束，又要開始一週的工作了。唉，真掃興啊！你不甘不願地起床，快快沖了個澡，花二十分鐘左思右想該穿什麼好，然後到廚房沖一碗麥片和一杯即溶咖啡，再匆匆出門上班。你只是機械性地重複早晨的例行工作，腦袋一片空白，一個小時後就這樣到了公司。

這麼無聊的早晨可以變得有趣嗎？禮拜一（或接下來的工作日）的早晨有可能變得值得期待嗎？試著運用感官，一掃上班前的沉悶之氣如何？換上喀什米爾毛衣，感受天鵝柔般的觸感滑過你的肌膚。在耳朵後面點上香水，或許午休外出時偶遇的迷人的陌生人對你感到驚豔。選用烘培恰到好處的豆子，配上剛剛好的鮮奶油分量，讓自己沉浸在咖啡香氣之中。放上你最愛的奏鳴曲，讓它在背景流淌。以如此豐富的感官之樂展開新的一天，不是很好嗎？快樂無處不在，誰規定尋歡作樂只能留待假期呢？

慢活

放慢生活的步調，試著品味每一刻。是不是有過這樣的經驗：一整天下來不知道自己在幹什麼。即使趕時間，也盡可能活在當下，不要因為匆忙而遺漏了更重要的事物。拉爾夫・沃爾多・愛默生（Ralph Waldo Emerson）就曾說過：「生命是一趟旅程，過程比結果更重要。」慢下來，花一些時間用心領略生活裡的點點滴滴，才會有新的體驗，隨時準備好迎接突如其來的簡單的快樂。

罪惡的嗜好要適可而止

人非聖賢，誰沒有一點罪惡的嗜好——喜歡看灑狗血的實境秀節目，下午偷吃幾顆松露巧克力，或是在泡澡的時候來一杯葡萄酒。如果這些事情能讓你心情愉悅，何樂而不為？不過請小心，別把罪惡的嗜好養成壞習慣，縱容自己實境秀看個不停，一次吃光一整盒巧克力，或是泡澡時葡萄酒一杯接一杯。簡單的快樂的重點在於保持幸福，而真正的幸福並不會讓人心虛、不舒服或不健康。

當你的罪惡的嗜好快要失控的時候，不妨學學《艾蜜莉的異想世界》裡的人物，從日常生活點滴擷取快樂，從不健康的嗜好上轉移心思。如果你突然跟艾蜜莉的媽媽一樣，沒事就喜歡把包包擦乾淨，或許就能戒掉星期六下午總想逛街購物的慾望。

試著從擦拭包包或烘培草莓塔得到樂趣，別再買那麼多東西、取代血拼和狂看電視。重新檢討這些壞嗜好有無存在的必要，相信你的皮夾和靈魂都能因此得救。

生活裡的大事小事都值得我們用心以對，時時刻刻都不容錯過，是好是壞都是難得的體驗。花點心思就能點石成金，讓任何事情都充滿樂趣。抛開先入為主的偏見，盡情享受生活中的簡單事物吧！

Review

18

重點複習

1) 從最尋常無奇的事物中領略出小確幸，人生將變得更快樂有趣。

2) 學習如何把枯燥乏味的例行工作變得愉快。

3) 不論順境逆境，永遠保持樂觀和幽默感。

4) 使用你的感官來獲得無窮的快樂。

5) 放慢生活的步調，不要來去匆匆。持之以恆，終有一天你會自然而然活在當下，不錯過任何風景。

Lesson 19

品質至上

VALUE QUALITY
ABOVE ALL

與「時尚家庭」同住之後，我才知道什麼是生活品質。除了服裝、家居和飲食，我還學會如何提升自己的思想、感官和智慧。觸目所見，法式生活在許多方面都非常講究品質。

「時尚夫人」一家人就是最好的示範，他們非常重視自己的外表、服裝、家居環境、飲食、談吐以及家人團聚的時光，生活充實至極。

他們認為自己值得過美好的生活，而他們的所作所為也確實如此。看得出來他們滿足於自己擁有的一切，畢竟同住在一個屋簷下那麼長一段時間，這種事瞞不了人。

當你下定決心追求生活品質，就會發現許多值得講究玩味的生活細節，你會更挑剔該怎麼吃、該怎麼穿或該怎麼玩，速食和打折的劣質衣物再也吸引不了你，再也不想在電視前面呆坐好幾個小時，浪費生命。

「時尚家庭」對生活事物的講究給了我很多啟發。我後來發現他們的生活方式絕非遙不可及。

優質食物

品嘗美食是人生一大樂趣，試著成為美食行家，到處尋找優質的食材吧！優質的食材不見得都很貴。我家當地的農夫市集就有許多舉世聞名的山珍海味，我後來開始勤跑市集，一方面當作日常運動，另一方面是因為懷念巴黎和南法充滿活力、令人目不暇給的戶外市場。

我第一次去聖塔莫尼卡的市集時，買了一些原種（無基因改造）番茄、一盒草莓、幾條夏南瓜（Summer Squash）和一把豆芽，全部加起來非常便宜。我回家後把一顆黃色大番茄切片排盤，撒上一點點海鹽，跟我先生試吃後驚為天人，那滋味真是美好，我們習慣了超市那種沒什麼味道的小顆番茄，早就忘了真正的番茄原本的風味。我買回來的草莓也是甜度十足，不加糖也入得了口，我先生一連吃了好幾顆，立刻讚歎這種甜度只有他小時候在英國吃過（他這個人講話向來不誇張）。

等到你的味蕾習慣優質的食物之後，就不會想再屈就於劣質的食物，這對於戒除零食頗有幫助。訓練味覺需要一段時間，不過從此你將不再懷念經過處理、包裝的劣質食物，而且會更懂得挑選餐廳。懂得吃，不僅可以帶來許多快樂，而且這肯定是個實用的嗜好。

不過請小心別變成挑食鬼。如果你在餐廳或朋友家的晚宴吃到難吃的東西，最好不要擺出嫌棄的臉色。不論何時何地，我們永遠都要珍惜眼前的食物，再說，挑食可能會讓別人對你觀感不佳，影響你的人緣。

優質衣物

開始認識衣服的材質和做工吧！雖然可能必須花較多的錢買一件衣服，可是保養得宜的話，可以穿很久很久。

如果你已經施行「十件精品衣櫥」原則，就不會想添購負擔得起的範圍內最優質以外的衣服，就像吃慣了熔岩巧克力蛋糕後，很難再回頭吃袋裝的零食巧克力蛋糕。簡單地說，品質不好的衣服已經入不了你的眼了。

事先做好功課，當個聰明的消費者

我們很幸運身處於網路發達的時代，查詢商品資訊比以前方便許多，每次買東西之前，都可以上網參考相關的評論、評分、部落格和消費者網站，精挑細選出最理想的商品，省下許多冤枉錢，也免得事後後悔。

當初為了迎接第一個寶寶，我和先生有一堆東西要買：嬰兒床、吊帶、兒童椅等等，一大堆我們不懂的東西。我們打算買經濟能力範圍內品質最好的產品，但我們並沒有直接衝到店裡問其他客人哪一個牌子最好，而是先上網讀相關的文章和評論，結果買到的東西我們大致都很滿意，也省了很多錢。嬰兒用品真的不便宜！我很慶幸我們第一次就買對了，沒多花冤枉錢。

所謂的做功課，不光只是到新手媽媽網站上看哪一個牌子的嬰兒床評價最高，其他諸如製程與材質是否環保也很重要。同理，購買魚、肉和蛋的時候，最好弄清楚產地來源和飼養方式。唯有越來越多人堅持買有機、放養且無荷爾蒙的肉類和乳製品，市面上才會有更多這樣的產品。

另一個挑選優質產品的好方法是，審視它的製造商，盡量選擇有環保標章的公司。唯有消費者在乎這些標章，製造商才會競相提升品質來爭取生意。

優質經驗

人生中的任何經驗是好是壞，全憑一念之間。我們在上一課已經知道如何從無趣的例行工作中發掘出趣味，讓自己的生活更充實滿足，不過要提升生活品質，這只是其中一個小技巧，最有效的方法莫過於培養正確的心態。

面對壓力，最正確的心態就是從正面的角度來看待事情。我們可以試著減少負面情緒，例如盡量不與消極悲觀的人做朋友。生命有限，何必自尋他人的煩惱？話雖如此，如果是你的親朋好友又另當別論，當他們陷入低潮時，你應該陪伴在他們身邊，就像你心情不好他們也會不離不棄。不過，要是你身邊有長期低潮的人，請注意自己不要也受到負面影響。如果有的話，請試著從中學習，獲得正面的收穫。

從任何事物中找出有趣的部分，永遠保持溫暖的心情。若能如此，不論好事壞事都能成為可貴的經驗。

優質時間

請珍惜家人團聚的時光。如果全家人只有晚餐才聚在一起，請確保這段時間家人之間有充分的互動交流。把電視關掉，手機調靜音，電腦設休眠，餐桌上只有家庭之愛，以及精心擺放的營養餐點。你們可以趁這段時間好好聊天，彼此分享今天遇到的好事和壞事。全世界最美妙的聲音，莫過於家人的笑語。快設計一個固定活動，確保全家享有優質的相處時間吧！

面對陌生人或外人，我們往往會擺出最好的儀態，但面對家人卻常忘了禮貌。其實對待家人更應該有禮貌，每天都讓對方感受到你的關愛，這樣家人才會互相尊重。我很佩服「時尚先生」和「時尚夫人」與他們五名子女之間的關係。他們的五個孩子深深尊重父母，彼此感情甚篤，而且喜歡定期回家團聚（或多或少是為了「時尚夫人」的豐盛晚餐，不過不僅僅是如此而已）。他們家中充滿笑聲和愛，孩子們樂意回家享受優質的團聚時光。

我如何成為生活行家

我在二〇〇八年開始寫部落格《生活行家》，探討了本書之中提到的諸多主題。我期許自己能成為一個生活行家，懂得營造日常生活品質，充分體驗人生情趣。不過，在我還沒開始寫這個部落格，甚至還沒去巴黎的「時尚家庭」寄宿之前，這個願望的種子早就悄悄種下了。

前面說過，我十八歲時跟著雙親到南法蔚藍海岸住了六個星期。父親是大學教授，當時某個有錢人家的學生（他家在坎城有艘遊艇）聘請他前去當暑期家教。我第一次去歐洲就是去坎城，去過南法的人都知道那裡有多美麗迷人。

十八歲正是多愁善感的年紀，而在這個富裕的海邊小鎮，人們的生活方式又特別讓我印象深刻。這裡的人白天就打扮得很漂亮，晚上更是盛裝。他們極為重視規矩，從用餐到開車都遵守禮儀，而且人人都叫我「mademoiselle」（小姐），聽著就教人愉快。我那時便注意到他們特別的生活習慣，例如晚餐前會來一杯開胃酒，下午會到附近的咖啡館喝杯濃縮咖啡放鬆一下。

我決心好好觀察他們的生活，不論坐在咖啡館、漫步在海濱大道、躺在飯店泳池旁的躺椅上、到海邊的餐廳吃午飯，或是陪媽媽去逛街購物，我都留心注意身邊的人。我發現，這個小鎮的居民都過得很愜意，非常懂得享受生活，讓人感覺生命真是美好啊！

那六個星期我彷彿置身極樂世界。在此之前，我只認識自小長大的加州小鎮，沒想到世上竟有如此迷人的生活方式。我們那時還去了摩納哥和聖特羅佩（Saint-Tropez）一日遊，那些地方的富麗固然令我瞠目，可是更吸引我的，是當中的法式生活精髓。那兒的人們從頭到腳都打扮得無懈可擊，身材也維持得很好，顯然深諳美好生活之道。我好想進一步瞭解他們的祕訣，於是在六個星期的假期結束之後，立刻計畫好大學要修法文，並且想辦法重回法國，而且要直搗首都巴黎！我想變成跟他們一樣的生活行家，過有品質的生活。這就是我邁上生活行家之路的始末。

Review

19

重點複習

1） 從心態開始調整，致力過優質生活。

2） 更慎重地挑選自己吃的食物、穿的衣服和打發時間的方式。

3） 研究優質的食材。

4） 購物前先做功課，上網讀評論並研究製造商和產品成分後再做決定。

5） 以樂觀幽默的心態看待人生，讓好事壞事都變成可貴的經驗。

6） 珍惜與親友相聚的時光，充分交流互動。

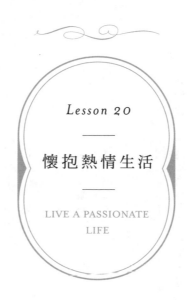

Lesson 20

懷抱熱情生活

LIVE A PASSIONATE LIFE

我在巴黎學到了很多事，但其中最深刻的心得，便是懷抱熱情生活。只要你願意，任何瑣碎的小事都可能是不凡的體驗，端看你怎麼想。與朋友相聚歡笑，沉浸在藝術和知性的世界裡，人生多美妙。這種快樂天天都存在。你可以日復一日麻木地完成自己的職責，也可以選擇懷抱熱情活在當下，不論好事壞事都正面看待，領略其中的滋味。

我寄居巴黎那段時間，總是興致勃勃敞開心胸體驗人生。我發現帶給我最多快樂的，竟是生活中最簡單的小事：在「時尚家庭」享用豐盛的晚餐後，聆聽蕭邦的唱片；來一片「波希米亞夫人」如天堂般美味的無麵粉巧克力蛋糕；在杜樂麗花園（Jardin des Tuileries）曬著太陽，閱讀優美的詩歌。我在巴黎的生活每一刻都多采多姿，熱情洋溢。

當然，剛開始並沒有那麼順利，畢竟我離鄉背井，人生地不熟，這裡的風土人情不似閒散的加州，免不了要小心翼翼，除了「時尚家庭」在巴黎十六區的公寓之外，頂多只去「波希米亞夫人」家作客，或是去索邦學院（Sorbonne）和美國大學（American University）上課。就算去巴黎市區別的地方遊覽，也總是手握地圖跟著同學好友一起走。

不過，隨著對巴黎越來越熟悉，法文也說得更加流利之後，我開始真正深入這座城市，恣意探索其中的奧秘。我會獨自閒晃，花一個下午參觀奧賽博物館或漫步香榭麗舍大道；當我獨坐在咖啡廳，即便身邊全是陌生人也不會感覺不安；當我走在巴黎的林蔭大道上，也能興致盎然地觀察周遭的日常風景。我開始覺得，自己像個真正的巴黎人。

抵達巴黎一個月後的某天晚上，認識的新朋友約我去夜店玩。在此之前，為了不想給「時尚夫人」留下愛玩、隨便的壞印象，我從沒那麼晚出門過。我估計著時機差不多了，便穿上閃亮的金色背心、黑色西裝褲和高跟鞋，搭上地鐵到巴黎市中心與朋友會合，去一家叫作「浴室」的夜店享受瘋狂的夜生活。

我們晚餐喝了點香檳，微醺地步入夜店，只見萬頭鑽動，似乎人人都在跳舞。我擠到其中一座舞台上，邊跳舞邊俯視其他尋歡作樂的人們，就這樣連續跳了三個小時，心情徹底放鬆。那是個令人畢生難忘的夜晚，我鮮少如此拋開一切，盡情狂歡。

那一晚我忘卻了所有煩惱：趕不上最後一班回家的電車怎麼辦？（最後還真的沒趕上！）法文文法期末考過了沒？（結果及格了！）畢業後離開巴黎要做什麼？我的人生會怎麼樣？往後還能如此快樂嗎？這些或大或小的擔憂全被我拋諸腦後。

至今我仍然在摸索這些人生的課題。隨著年歲漸增，有了丈夫和女兒，我儼然成為了我家的「時尚夫人」。我從巴黎這座城市和「時尚夫人」身上獲益良多，我想把這個寶藏傳承給女兒們，希望她們學會懷抱熱情生活。重要的不是做什麼，而是那當中的過程。我期望她們活在當下，準備好體驗人生的各種樂趣。

新紀元運動（New Age Movement）哲學家艾克哈特・托勒（Eckhart Tolle）曾說過：「怎麼做，猶勝於做什麼。」雖然他不是法國人，但他的這番哲學十分切合法式生活精髓。做自己喜歡的事情固然重要，但即使是不喜歡的事情，也可以努力從中找出一點趣味。

我希望這本書的讀者都能夠懷抱熱情生活，享受一個充滿愛、藝術和音樂的人生，不浪費一分一秒，讓回憶了無遺憾。

如自動導航般麻木地生活很簡單，我們很多人都是如此渾渾噩噩地過日子，忽略自己的感官感受，活著，但並不是真正活著。

猶記得初到巴黎的第一天，站在「時尚家庭」的門口，我渾然不知自己即將展開這輩子最大的冒險。在美麗的異鄉，住進像是古典小說裡的上流家庭，天天享用道地的法式佳餚，在富麗堂皇的寓所裡生活。

我認識了「波希米亞夫人」和她的藝術家朋友們，在無數個夜晚把酒言歡。

我愛上頂著寒風行走於這座美麗的城市，獨自搭地鐵上課，或是漫步在香榭麗舍大道上欣賞時髦的路人。

我珍惜每一次的聚會。羅浮宮神秘的午夜四重奏、在奧賽美術館第一次看到馬奈的真跡、每晚飯後吃上一片卡門貝爾，這一切都讓我深受感動。

每當我閉上眼睛回憶起站在「時尚家庭」門口的那一刻，胸口就會湧現當時的興奮，腦海裡記起自己有多麼迫不及待地探索生命的無限可能。

然後，我邁出步伐，跨過門檻……

參考資源

RESOURCES

參考資源

Arbordoun	www.arbordoun.com
Benedetta	www.benedetta.com
Brazilian Peel	www.brazilianpeel.com
Clarisonic	www.sephora.com
Claus Porto	www.clausporto.com
Dermalogica	www.dermalogica.com
Diptyque	www.diptyqueparis.com
Éminence	www.eminenceorganics.com
Epicuren	www.epicuren.com
L'Occitane	www.loccitane.com
Madeline Poole	mpnails.com
Paula's Choice	www.paulaschoice.com
Petite Spa	www.petitespa.net
Roger&Gallet	www.roger-gallet.com
Sibu Beauty	www.sibubeauty.com
Skindinävia	www.skindinavia.com

書籍

——*《Sixty Million Frenchmen Can't be Wrong》*

貝涅・納杜（Jean-Benoit Nadeau）和茱莉・巴羅（Julie Barlow）合著，Sourcebooks二〇〇三年出版。中文版《60,000,000個法國人錯不了》，閱讀地球出版。

——*《The 90-Day Novel》*

艾倫・沃特（Alan Watt）著，The 90-Day Novel Press二〇一〇年出版。

——*《The Lost Art of Gratitude》*

亞歷山大・梅可・史密斯（Alexander McCall Smith）著，Anchor二〇一〇年出版。

網路

——第4堂課《十件精品衣櫥》影片請見P.069

——第6堂課《完美裸妝》影片請見P.099

服飾

A.P.C.	www.apc.fr
BCBG Max Azria	www.bcbg.com
Diane von Furstenberg	www.dvf.com
Ferragamo	www.ferragamo.com
James Perse	www.jamesperse.com
J Brand	www.jbrandjeans.com
J. Crew	www.jcrew.com
London Sole	www.londonsole.com
Nanette Lepore	www.nanettelepore.com
Rebecca Taylor	www.rebeccataylor.com
Velvet	www.velvet-tees.com
Vince	www.vince.com

電影

——《*Amélie*》（艾蜜莉的異想世界）

導演：尚皮耶・居內（Jean-Pierre Jeunet）

——《*Je ne dis pas non*》

導演：依利阿那・洛里居（Iliana Lolitch）

——《*si c'était lui...*》

導演：安妮・瑪麗・艾蒂安（Anne-Marie Etienne）

——《*Shall We Kiss*》（我們來接吻）

導演：艾曼紐・莫芮（Emmanuel Mouret）

音樂

——《*French Dinner Party*》（法式晚宴）：iTunes精選合輯

——《*La Voix du Violoncelle*》（大提琴之音）：馬友友

——《*Petite Fleur*》（小花）：席尼・貝卻特（Sidney Bechet）

——《*Tails of the City*》（城市的末梢）：舊金山薩克斯四重奏

（San Francisco Saxphone Quartet）

致謝

寫這本書的過程，是一場驚奇不斷的冒險，途中獲得了諸多貴人的幫助，我要在此特別致上感謝之意。感謝我的父母（謝謝你們支持我的興趣，送我去巴黎求學，我心中的感激無法言表）、親愛的班（你是最棒的丈夫）、超厲害的經紀人Erica Silverman和三叉戟媒體集團（Trident Media Group）的全體同仁、超強的編輯Tris Todd以及出版社賽門與舒斯特（Simon & Schuster）（謝謝你們對這本書寄予厚望）、Virginia Johnson（妳的插圖太美妙了）、我的姊妹Leslie Kahle（謝謝妳為原稿提供的美麗作品）、表姊妹Kristy Evans（沒有妳生活將變得非常無趣，還記得我們在艾菲爾鐵塔前吃了三個小時的晚餐嗎?）祖母Lila（妳的生活情趣影響我良多）、婆婆Jane（堪稱是美國版的「時尚夫人」），還有我在美國和英國的所有親朋好友（感謝你們的愛與支持）。

由衷感激：Juliana Patel、Romi Dames、Meg De-Loatch、Lilliam Rivera、Liesl Schilinger、Jennifer Seifert、Anjali Rajamahendran、Keely Deller、Danya Solomon、Rich Evans、Bryan Evans、Matt Weinstein、Chan Phung、Annasivia

Britt、Newton Kaneshiro、Kelly Foster、Nancy Bush、Jennifer Durrant、Amelia Deboree、Bex Hartman、Jennifer Bates、Brian Peterson、Jacqueline DeArmond、Maggie Katreva、Maria Caamal、Dax Bauser，還有（差點忘了）我家的小狗蓋茨比。

謝謝我的寫作老師兼心靈導師艾倫・沃特，自從上了你在L.A. Writers Lab開的寫作課，我的人生因此改變。感激「時尚家庭」、「波希米亞家庭」和巴黎帶給我豐富的靈感，還有部落格的寶貴讀者們，如果沒有你們的鼓勵和支持，我不可能寫得出這本書。最後要謝謝我美麗的女兒艾拉貝拉和喬吉娜，妳們是我生命的意義，我愛妳們。

Lessons from

MADAME CHIC
向巴黎夫人學品味
Madame Chic的20堂優雅生活課

國家圖書館出版品預行編目(CIP)資料

向巴黎夫人學品味：Madame Chic的20堂優雅生活課 / 珍妮佛·斯科特（Jennifer L. Scott）著；喬喻譯. -- 初版. -- 臺北市：積木文化出版：家庭傳媒城邦分公司發行，民103.08
294面；14.5×18.5公分
譯自：Lessons from Madame Chic：20 stylish secrets I learned while living in Paris
ISBN 978-986-5865-70-2

1.時尚 2.生活指導 3.法國巴黎
541.85　　103012760

作　　者／珍妮佛·斯科特（Jennifer L. Scott）
譯　　者／喬喻

總 編 輯／王秀婷
責任編輯／向艷宇
行銷業務／黃明雪、林佳穎
版　　權／徐昉驊

發 行 人／凃玉雲
出　　版／積木文化
104台北市民生東路二段141號5樓
官方部落格：cubepress.com.tw
電話：(02)2500-7696　傳真：(02)2500-1953
讀者服務信箱：service_cube@hmg.com.tw

發　　行／英屬蓋曼群島商家庭傳媒股份有限公司城邦分公司
台北市民生東路二段141號11樓
讀者服務專線：(02)25007718-9　24小時傳真專線：(02)25001990-1
服務時間：週一至週五上午09:30-12:00、下午13:30-17:00
郵撥：19863813　戶名：書虫股份有限公司
網站：城邦讀書花園　網址：www.cite.com.tw

香港發行所／城邦（香港）出版集團有限公司
香港灣仔駱克道193號東超商業中心1樓
電話：852-25086231　傳真：852-25789337
電子信箱：hkcite@biznetvigator.com

馬新發行所／城邦（馬新）出版集團
Cite (M) Sdn Bhd
41, Jalan Radin Anum, Bandar Baru Sri Petaling,
57000 Kuala Lumpur, Malaysia.
電話：603- 90578822　傳真：603- 90576622
電子信箱：cite@cite.com.my

美術設計／曲文瑩
製版印刷／中原造像股份有限公司

城邦讀書花園
www.cite.com.tw

2014年8月7日 初版一刷
2021年8月2日 初版十七刷

Printed in Taiwan.

定　　價／300元　ISBN：978-986-5865-70-2

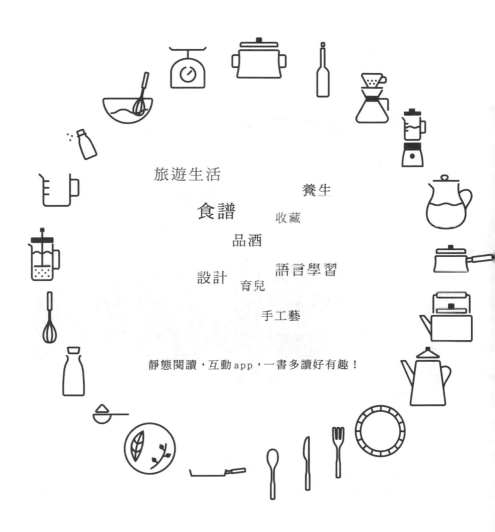